U0873493

西南山区高速铁路建设工程技术研究丛书

四川省2019—2020年度重点图书出版规划项目

西南山区高速铁路建设工程
常见质量问题整治技术

王明慧 ◎ 编著

西南交通大学出版社
·成 都·

图书在版编目（CIP）数据

西南山区高速铁路建设工程常见质量问题整治技术 / 王明慧编著. —成都：西南交通大学出版社，2020.6
（西南山区高速铁路建设工程技术研究丛书）
ISBN 978-7-5643-7453-2

Ⅰ. ①西… Ⅱ. ①王… Ⅲ. ①山区铁路－高速铁路－铁路工程－工程质量－质量管理－西南地区 Ⅳ. ①U238

中国版本图书馆 CIP 数据核字（2020）第 096196 号

西南山区高速铁路建设工程技术研究丛书

Xi'nan Shanqu Gaosu Tielu Jianshe Gongcheng Changjian Zhiliang Wenti Zhengzhi Jishu

西南山区高速铁路建设工程常见质量问题整治技术

王明慧　编著

责任编辑	姜锡伟
封面设计	何东琳设计工作室
出版发行	西南交通大学出版社（四川省成都市金牛区二环路北一段 111 号 西南交通大学创新大厦 21 楼）
发行部电话	028-87600564　028-87600533
邮政编码	610031
网　址	http://www.xnjdcbs.com
印　刷	四川煤田地质制图印刷厂
成品尺寸	210 mm × 285 mm
印　张	10.75
字　数	237 千
版　次	2020 年 6 月第 1 版
印　次	2020 年 6 月第 1 次
书　号	ISBN 978-7-5643-7453-2
定　价	98.00 元

前　言

我国的高速铁路网正在加快形成和完善，国家支持高速铁路的发展，向国外推荐中国高速铁路技术，支持中国高铁走出去，中国高铁成为“一带一路”重要倡议组成部分，成为“中国名片”。

截至 2019 年年底，我国高铁里程达到 3.5 万千米，总里程全球占比超 2/3，预计到 2020 年，全国铁路营业里程将达到 14.6 万千米，其中高速铁路（含城际）3.9 万千米。在全面贯通“四纵四横”高速铁路主骨架基础上，推进“八纵八横”主通道建设；实施一批客流支撑、发展需要、条件成熟的高速铁路项目；高速铁路服务范围进一步扩大，基本形成高速铁路网络。

根据国家规划及地方发展需要，在今后一个时期，铁路建设主要集中在中西部地区，中西部地区的高速铁路建设项目逐渐增多。西部山区不良地质地段多，地势变化大，地质条件复杂，路基往往存在高填方或高挖方段，桥梁建设基本位于山谷或河流中，隧道占比大、长大隧道数量多。在山区修建高速铁路不但增大了建设投资和施工难度，而且增加了建设管理的难度，其工程质量不仅关系到铁路运输和人民群众生命财产安全，也关系到中国高铁“走出去”成果的进一步巩固扩大。

近年来，铁路建设系统采取了大量措施强化质量管理、过程控制，大力推进标准化管理、标准化作业和铁路建设“红线”管理，积极推行高速铁路施工“专业化、机械化、工厂化和信息化”，形成了一套行之有效的管理办法和先进的施工工艺。但是，一些建设项目、施工工点的质量管理水平低下，常见的质量问题在施工过程中反复出现，个别问题处理不当而影响后期运营。为确保高速铁路建设质量和后期运营安全，针对高速铁路建设中常见的质量问题，我们汇集整理了施工过程以及质量验收工作中的一手资料，分专业、分部位精心编辑，编制了本书。

为了更好地贴近现场施工，易于相关行业管理人员、现场工程技术人员学习和掌握，使常见质量问题得到更好的预防和处理，本书根据铁路工程主要专业，分隧道工程、路基工程、桥涵工程、轨道工程、房建工程、通信信号工程、电力及牵引供电工程等 7 章，对每章最常见的质量问题的工程部位、工序等进行细致划分，分别对每一类、每一种工程质量问题的现象、原因分析、防治措施等进行了详细阐述，并辅助以大量现场施工质量问题照片和施工标准相片等进行说明。本书所列质量问题的现象直观、明确，原因分析的内容翔实、说明清楚，预防和治理的措施规范、正确、重点突出，施工标准相片更易直观突现作业标准、规范各个工序施工。本书对系统全面地做好工程质量问题防治工作有很好的指导作用。

由于时间仓促，铁路建设现场施工情况复杂，再加上编者水平所限，书中难免有疏漏之处，敬请读者和业内专家给予批评和指正。

作　者

2020 年 5 月

目　录

第1章　隧道工程

西南地区高速铁路长大隧道多，地质条件复杂，施工安全风险大，隧道施工工序多，工艺烦琐，诱发质量问题因素多，特别是建成运营后，对隧道质量问题整治不仅难度大、成本高，而且严重危及行车安全。本章从隧道洞口工程、洞身工程（开挖、支护、防排水、衬砌等工序）对施工过程中常见质量问题进行原因分析，提出防治措施。

1.1　洞　口

1.1.1　洞口开挖

洞口开挖质量问题主要包括洞口边坡垮塌或存在严重垮塌风险（图1.1）。

图1.1　洞口边坡垮塌

（1）现象：洞口边坡出现垮塌、表土溜滑、开裂等现象。

（2）原因分析：

① 未按设计要求开挖工法施工。

② 防排水（截水）设施不到位，削弱了洞口边坡稳定性。

③ 未逐级开挖逐级支挡，开挖后支挡不及时。

（3）防治措施：

① 严格按设计工法进洞。

② 洞口截排水沟提前施作。

③ 及时施作支挡结构。

1.1.2 洞口防护

洞口防护质量问题主要指洞口喷射混凝土工程失效（图 1.2）。

图 1.2 洞口混凝土剥离

（1）现象：洞口喷射混凝土工程出现破损、脱落。

（2）原因分析：

① 未按设计要求打锚杆、挂网，喷射混凝土厚度不足。

② 现场检查、验收不到位。

（3）防治措施

① 现场技术交底清楚，作业标准培训到位。

② 现场按设计和规范要求施工和验收，保证锚杆长度、网片间距、混凝土厚度等符合设计和规范要求。

1.1.3 截排水

1. 水沟开裂、下沉、淤积（图 1.3）

图 1.3 水沟下沉开裂

（1）现象：水沟下沉、开裂、淤积。

（2）原因分析：水沟基础回填不密实，施工缝设置不合理。

（3）防治措施：水沟开挖后必须回填密实，合理设置施工缝。

2. 明洞回填与设计不符（图 1.4）

图 1.4 明洞回填大量块石

（1）现象：明洞回填采用单侧回填，填料中有大量块石，回填未分层夯实。

（2）原因分析：

① 技术交底和作业标准培训不到位。

② 现场检查、验收不到位。

（3）防治措施：

① 明洞顶回填施工应在防水层施作完成、混凝土强度达到设计后进行。

② 墙背回填应对称进行，不得对拱、墙衬砌产生偏压，分层回填密实，做好检查、验收工作。

1.2 洞 身

1.2.1 洞身开挖

1. 洞身开挖方法不符合设计要求（图 1.5）

图 1.5 未按设计工法开挖

（1）现象：软弱围岩地段不按照设计工法开挖（三台阶七步作业法预留核心土不规范、临时仰拱设置不规范、拉槽开挖等）。

（2）原因分析：

① 现场管理人员履职不到位，安全意识淡薄，现场施工组织不力，擅自更换开挖工法追求开挖进度，未按设计图纸、围岩开挖方法会议纪要要求组织工法开挖施工，存在偷工行为。

② 作业人员未按照技术交底要求组织施工，对不按规定工法开挖带来的安全风险缺乏正确认识。

③ 实际地质情况发生变化时，未及时落实变更手续流程，凭经验擅自更换开挖工法。

④ 采用劳务模式（架子队）导致规定工法得不到落实。

（3）防治措施：

① 严格落实现场监督管控措施，落实跟班作业、跟踪管理责任。

② 加强对作业人员的技术交底培训，严格按照工法规定要求组织开挖施工，管理人员严格审批施工材料发放数量。

③ 地质勘察详细，严格履行隧道施工变更审核、审批手续。

④ 优化架子队模式。

图 1.6　三台阶预留核心土

2. 开挖进尺一次性开挖过大（图 1.7）

图 1.7　一次性开挖进尺超标

（1）现象：软弱围岩上台阶一次性开挖2榀，下台阶四级围岩，一次性开挖5榀。

（2）原因分析：

① 超前地质预报未及时施作，未能及时反映围岩的变化。

② 软弱围岩进尺标准落实不到位或盲目追求进度。

③ 现场安全教育培训不到位，作业人员对安全风险缺乏正确的认识。

（3）防治措施：

① 现场严格执行超前地质预报，准确反映围岩的变化，确定开挖进尺。

② 强化对作业人员的安全教育培训，提升安全意识，落实作业标准。

③ 严格落实现场监督管控措施，落实跟班作业、跟踪管理责任。

3. 洞身存在超、欠挖（图1.8）

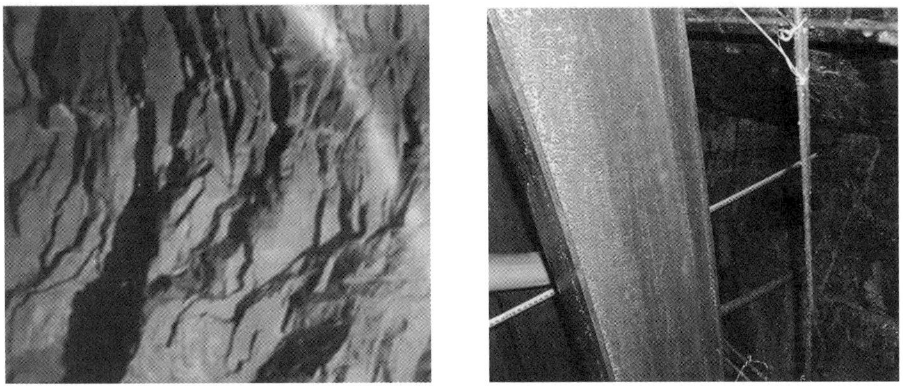

图1.8　隧道超挖

（1）现象：隧道开挖轮廓不好，光爆效果差，拱架部分存在超挖。

（2）原因分析：

① 施工技术管理检查、复核制度执行不严，存在测量放线误差或放大轮廓尺寸现象。

② 钻孔开孔位置根据地质条件和机具设备由钻爆设计确定，但实际操作时存在按司钻者的经验和操作技术施作的现象，易出现超、欠挖。

③ 为了避免欠挖，凿岩机钻杆必须有一个外插角，实际开挖成的轮廓线呈锯齿形，锯齿凹入岩壁部分即构成超挖。

④ 地质条件变化，遇有围岩与炮孔方向夹角较小的竖向或水平成层的层理或节理时，因夹制作用不同，会引起钻杆外插角变化；水平成层围岩形成门框形断面，而在框角处超挖最多，竖向倾斜岩层则易在两拱脚形成超、欠挖；节理发育的围岩，更容易形成局部超挖。

（3）防治措施：

① 严格落实测量、钻爆、开挖质量检查制度，控制好测量放线精度，现场正确定位。

② 提高钻孔技术水平，严格控制开孔位置、外插角和底孔位置，炮眼定位要准确，周边眼间距一般不得大于40 cm，炮眼总数（个）一般不小于35+开挖断面积（取整数，m^2）。

③ 根据围岩变化调整钻孔方位和角度，或适当调整周边孔的参数。

④ 通过工程类比和现场实际，优化爆破参数；必须严格控钻孔精度，重点控制周边孔眼的外插角及炮眼分布均匀度，做到及时检测及反馈。

⑤ 控制超、欠挖，欠挖应凿除，超挖部分应采用同级混凝土回填或喷射混凝土回填。

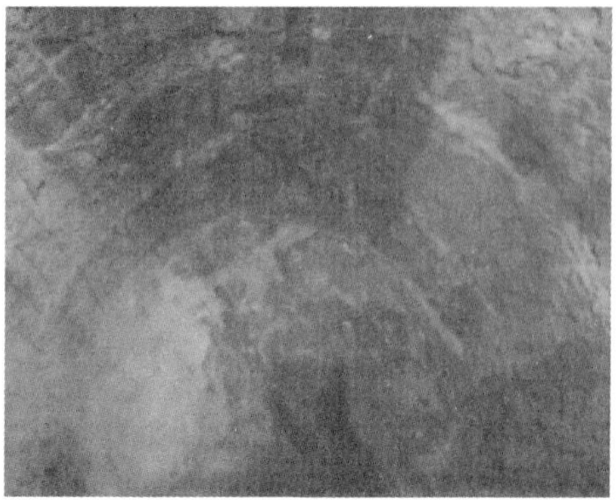

（a）Ⅱ、Ⅲ级围岩光面爆破成型照片

（b）Ⅳ级围岩人工开挖爆破效果照片

图 1.9　光面爆破成型照片

1.2.2　洞身支护

1. 监控量测点布置不规范（图 1.10）

（1）现象：测点反光片用钢钉固定，量测点未埋入基岩，监控量测已被喷浆料全覆盖。

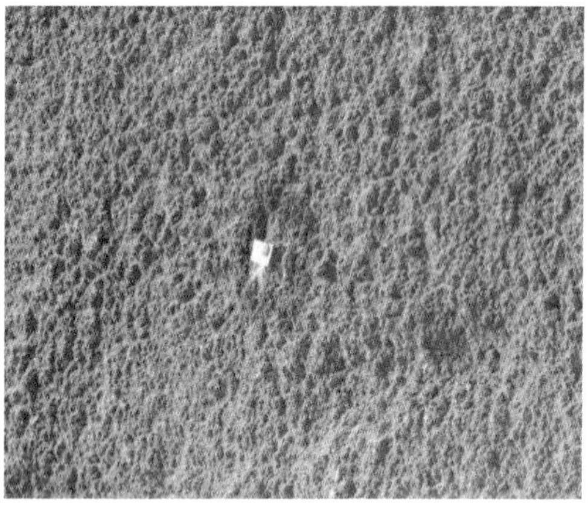

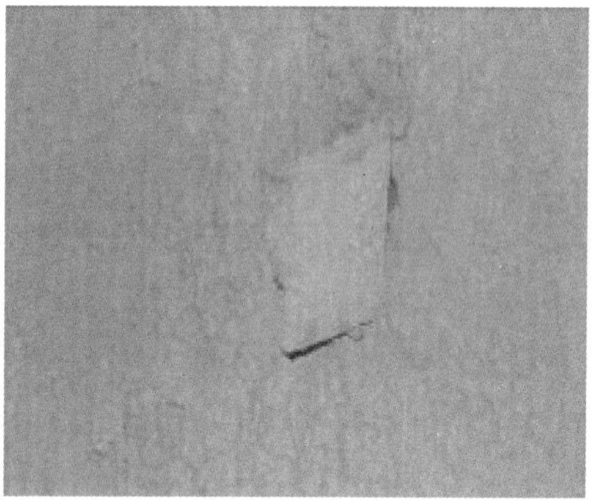

图 1.10　监控量测点布置不到位

（2）原因分析：

① 技术交底和作业标准落实不到位。

② 监控量测点埋设及保护工作检查不到位。

（3）防治措施：

① 对监控量测人员进行交底培训，落实作业标准。

② 严格落实现场监控量测工序验收手续，落实跟班作业、跟踪管理责任。

图 1.11　量测点布置示意图

2. 超前支护不符合要求（图 1.12）

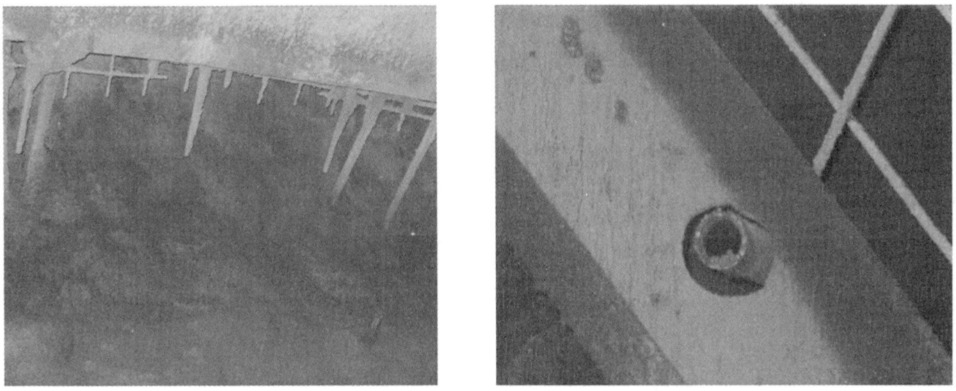

图 1.12　超前小导管未按设计施工

（1）现象：掌子面拱顶局部超前小导管环向间距过大、悬空，施工角度不对，注浆不到位。

（2）原因分析：

① 现场检查验收不到位，钻孔定位间距偏大。

② 作业台架高度以及钻杆长度影响作业空间，导致小导管钻设角度不易控制。

③ 围岩岩性、构造复杂，导致钻设时角度偏差。

④ 现场管理人员履职不到位，检查不细致。

（3）防治措施：

① 钻孔前须复核孔位位置，钻入后进行固定，避免钻进过程中出现歪斜。

② 优化作业台架，确保小导管施工时作业空间满足要求。

③ 根据实际围岩情况，在允许误差范围内调整开孔位置和角度。

④ 加强现场监督检查，确保导管注浆饱满。

3. 初期支护锚杆（管）未按设计施作（图 1.13、图 1.14）

（1）现象：

① 锚管间距偏大、长度不足，锁角钢管施作角度与设计不符、未与钢架有效连接，锚杆注浆不饱满。

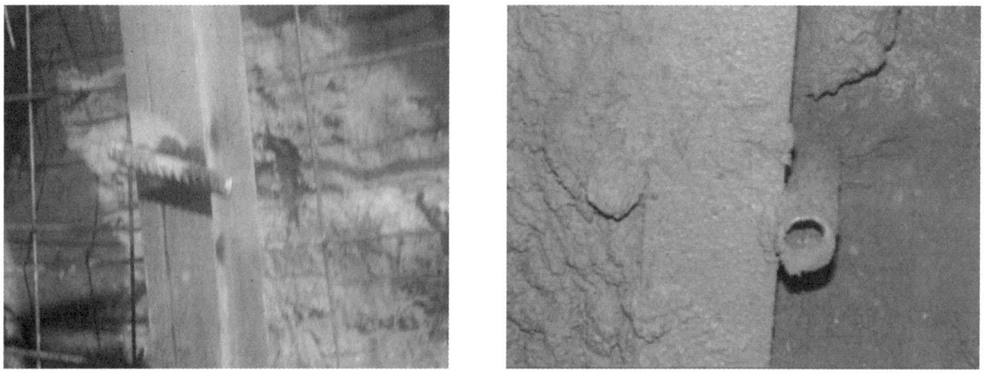

图 1.13　锚管（杆）未按设计施工

② 锁脚锚杆与钢架未采用 U 型焊接，锁脚锚杆打入角度不对，小于设计（与水平线夹角 20°）要求

图 1.14　3 m 的径向锚杆注浆不饱满

（2）原因分析：

① 孔位布置不均，采用一般风动凿岩机钻孔，未采用专用机械钻孔施作。

② 过程检查验收不严，未及时清退长度不足的锚管（杆）。

③ 现场对锁角钢管技术交底不到位或过程监管失责。

④ 浆体配置未严格执行配合比。

⑤ 注浆不饱满、孔内空气未排尽或压力不够。

（3）防治措施：

① 按照设计图纸布置孔位，锚杆采用专用机械成孔打入，用一般风动凿岩机时应配备专用冲击器，钻孔应圆而直，应与围岩壁面或其所在部位岩层的主要结构面垂直。

② 现场要根据设计尺寸仔细检查中空锚杆、锁脚锚管（杆）尺寸。

③ 杆体插入锚杆孔时，应保持位置居中，插入深度应满足设计要求。

④ 砂浆或水泥浆严格按配合比调配，可添加适量的微膨胀剂和速凝剂。

⑤ 加强现场技术指导和管理，做好隐蔽工程的旁站监督、验收工作。

4. 钢筋网片定位不准，搭接长度不足（图 1.15）

（1）现象：钢筋网片未居中布置，紧靠拱架。

图 1.15　钢筋网片未居中、紧靠

（2）原因分析：

① 隧道光爆质量不高、超挖严重，造成初喷混凝土不平顺，钢筋网片随初喷混凝土面起伏铺设，容易造成网片安装、固定不牢固或者搭接长度不一致，局部搭接长度不足。

② 上循环预留搭接钢筋网保护程度不足，预留网格被下循环开挖作业破坏，造成下循环搭接长度不足。

③ 已加工的网片运输、储存保护程度不足，导致钢筋网片变形，不能居中固定。

（3）防治措施：

① 提高光爆效果，测量放样时要精确标出开挖轮廓线，并根据围岩情况动态调整和优化光面爆破参数，减少和控制超欠挖现象。

② 加强钢筋网片成品和已安装的网片保护，制作成型的钢筋网片必须堆放在指定的半成品堆放场地上，存放和运输过程中要避免潮湿的环境，防止锈蚀、污染和变形。施工前应检查钢筋网片外观是否平整，无翘曲变形。

③ 严格落实“首件制”，对隧道井在施工过程中严格按照“三检”制度，加强过程管控，上道工序不合格、隐蔽工程未经验收，不得进入下道工序作业，确保各道工序的施工质量。

5. 格栅钢架制作不规范（图 1.16）

（1）现象：格栅钢架八字结未连接、八字结与主筋未焊接，与图纸不符。

（2）原因分析：

① 技术交底不清楚，现场检查验收不细致。

② 加工模具制作粗糙，工艺掌握不熟练。

（3）防治措施：

① 强化现场技术指导，严格按设计图纸加工。

② 改进加工模具，提高施工工艺水平。

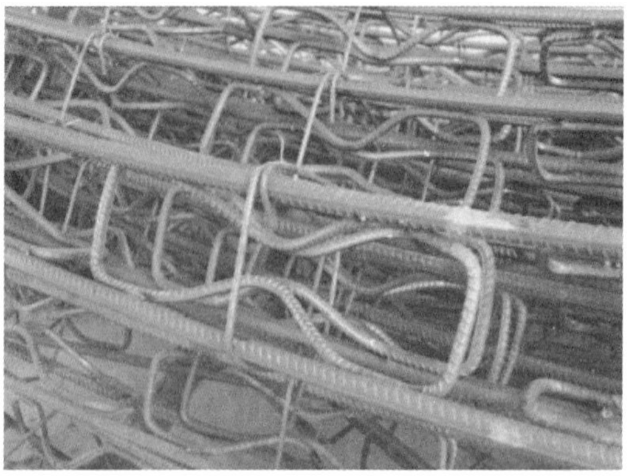

图 1.16　格栅钢架八字结未连接

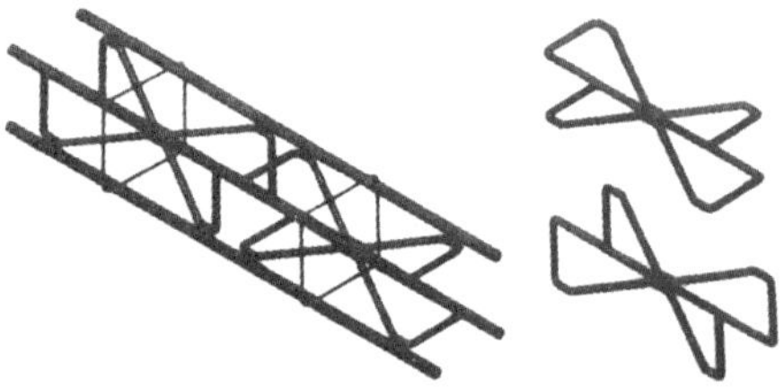

（a）格栅钢架结构空间示意图

（b）节点焊接示意图

图 1.17　格栅钢架平面图和节点焊接示意图

6. 钢架制作、安装不规范（图 1.18）

（1）现象：工字钢拱架焊接处无补强措施，连接板处无加劲角钢；钢架法兰盘连接不密贴，螺丝不全，采用焊接连接；采用 M18 代替设计的 M24 螺栓，降低了工字钢拱架接头连接处的强度和抗剪力。

（a）钢架连接处无加肋角钢

（b）钢架法兰盘螺丝不全、连接存在缝隙，钢架法兰盘连接采用焊接

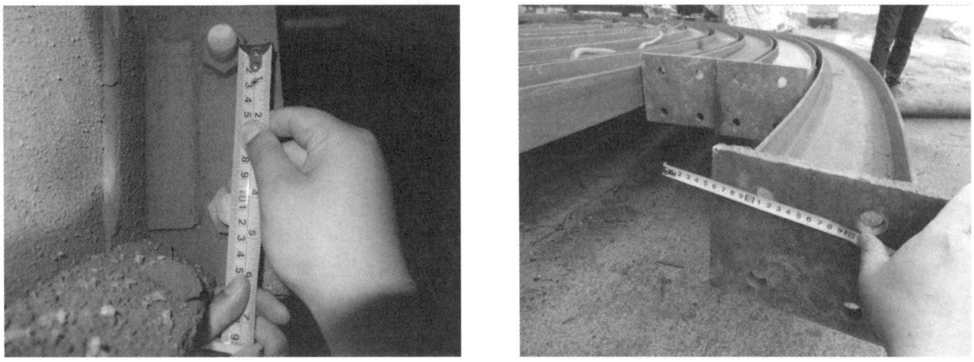

（c）采用 M18 代替设计的 M24 螺栓，连接钢板钻孔采用 $\phi25$ 代替设计的 $\phi29$

图 1.18　钢筋制作、安装不规范

（2）原因分析：

① 加工工字钢拱架偷工减料，出厂验收把关不严。

② 工字钢出厂前未进行试拼或现场保护不到位，工字钢各个单位变形，安装过程中定位偏差大。

③ 工字钢上导段定位不准导致下导对应、衔接存在缝隙。

（a）工字钢焊接角钢加肋

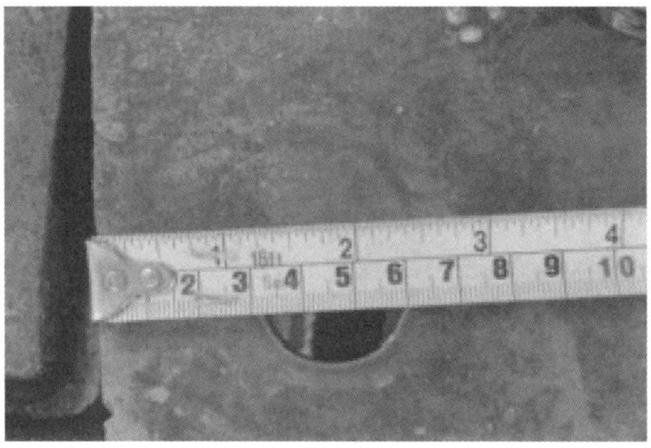

（b）钻孔尺寸满足设计要求

图 1.19　工字钢焊接角钢加肋及钻孔尺寸满足设计要求

（3）防治措施：

① 对加工厂作业人员进行技术交底及作业培训，做好验收工作。

② 工字钢半成品验收、试拼合格后方可出厂。

③ 现场做好工字钢半成品的保护，安装定位准确。

7. 仰拱虚渣未清理（图 1.20）

（1）现象：仰拱虚渣未清理干净即进行喷射混凝土作业。

（2）原因分析：

① 作业人员作业标准掌握或执行不到位。

② 管理人员履责不到位。

图 1.20　仰拱虚渣未清理干净

（3）防治措施：

① 对作业人员进行技术交底培训，强化标准落到实处。

② 强化工序检查，落实质检责任。

③ 对已经喷射完毕段落进行返工处理，清理完毕留存影像资料，验收合格后方可进行下道工序作业。

8. 初支背后存在空洞（图 1.21）

（1）现象：拱腰在喷射混凝土过程中存在空洞，拱顶初期支护背后有空洞（深度达到 60 cm）。

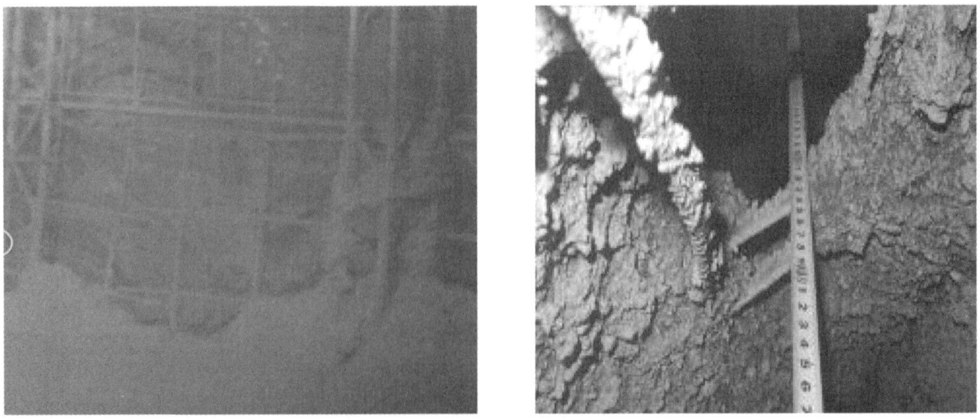

图 1.21　初期支护空洞

（2）原因分析：

① 光爆质量不高、超挖严重，未采用同等级混凝土回填。

② 喷射混凝土作业时未分段、分片、分层依次进行，喷射顺序不是自下而上，现场操作随意性强。

③ 喷射时未先将低洼处大致喷平后再按照施工顺序操作。

④ 喷射混凝土时要求反复喷射，部分作业人员为节省时间、减少操作步骤而采取“堆码式”喷射，操作手的喷头未垂直于岩面。

（3）防治措施：

① 测量放样时要精确标出开挖轮廓线，并根据围岩情况及时调整和优化光面爆破参数，减少和控制超挖现象。

② 调整施工顺序，改进施工工艺。为避免初支背后脱空，优化施工工序，应重点把握“初喷”和“复喷”工序。“初喷”混凝土面的平整度是减少背后脱空的关键，因为混凝土表面平整，钢筋网格和钢架就能紧贴“初喷”的混凝土面，其背后就不会留有间隙。

③ 加强喷射混凝土工艺过程指导及提高其施作质量，严格采用分段、分片、分层依次进行喷射，避免岩面与钢筋网出现空隙或造成初支不密实。

9. *初支喷射混凝土厚度不足（图 1.22）*

（1）现象：初期支护喷混凝土厚度不足，钢拱架明显成肋条状。

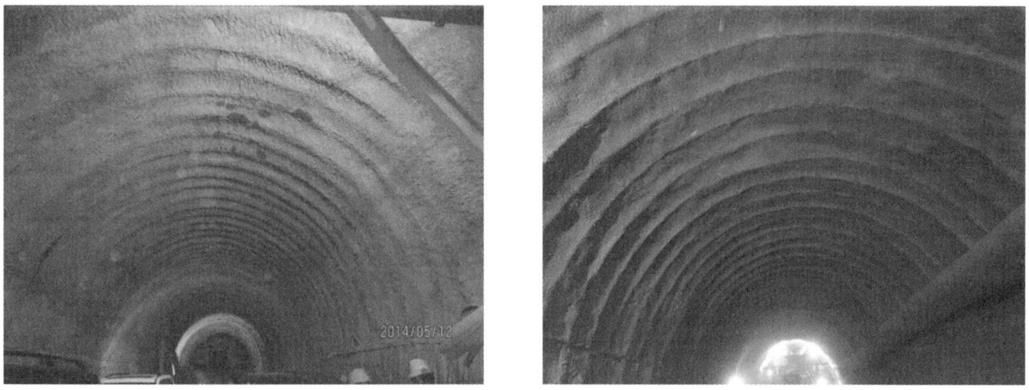

图 1.22　初期支护肋条状

2）原因分析：

① 开挖断面偏小或预留沉落量不足或对欠挖部分未作处理，导致初支厚度不足。

② 开挖爆破成型效果差。

③ 钢拱架安装不精确，出现“凸出来、凹进去”的现象，喷混凝土时来回调整喷射量，不但平整度难以控制，同时也降低功效。

④ 作业人员对湿喷机械手工艺操作不熟练。

（3）防治措施：

① 对开挖净空检查，严格按设计和规范预留沉落量，对欠挖部分作凿除处理，对全

环（断面每 2 m 间距）钻孔检测初支厚度。

② 根据围岩特征优化爆破参数，保证基面成型效果。设置控制喷射混凝土厚度标志、尺量拱架间深长比等措施加强初支厚度验收管控。

a. 在Ⅱ、Ⅲ级无拱架段喷混凝土顶面控制采用“埋钉法”，可利用锚杆头和固定网片的钢筋桩作为基面控制的顶面位置。

b. 加强钢拱架安装的检查验收，Ⅳ、Ⅴ级围岩段钢拱架的内缘纵向顺直平齐，提供良好的基准面，达到喷射混凝土圆顺平整的效果。

③ 喷混凝土机械手操作工艺（以三一〈SYM5171TPJ〉湿喷机械手为例）：

a. 喷射作业应分段、分片自下而上连续进行，喷射角度应与受喷面垂直，若受喷面被钢架、钢筋网覆盖时，可将喷嘴稍加偏斜，但不宜小于 70°；喷嘴与受喷面距离控制在 0.8 ~ 1.2 m，当收面时，喷嘴距离宜控制在 1.5 ~ 1.8 m。如岩面凹凸不平时，应先喷凹处找平，然后再向上喷射。

b. 喷射混凝土过程中，分层喷射的厚度非常关键，由于速凝剂的初凝和终凝需要经过一段时间，初喷厚度过大，容易使混凝土尚未凝结而新喷射混凝土再覆盖会易引起较大的回弹或塌落。分层厚度初喷混凝土以 3 ~ 5 m 为宜，复喷时拱部不应超过 10 cm，边墙不应超过 15 cm。

c. 经过现场试验总结，边墙喷混凝土速率宜为 20 ~ 22 m^3/h，拱部喷混凝土速率宜为 15 ~ 18 m^3/h；边墙喷混凝土速凝剂掺量宜为 3% ~ 4%，拱部喷混凝土速凝剂掺量宜为 4% ~ 5%。

d. 喷射路线呈小螺旋形绕圈运动，绕圈直径以 30 cm 左右为宜，后一圈压前一圈的 1/3 ~ 1/2，喷射路线呈“S”形，每次“S”形长度为 3 ~ 4 m，平行轨迹应衔接，料束旋转速度均匀；小区域喷混凝土喷嘴应连续、缓慢作横向环行移动，喷射手所画环形圈，横向为 40 ~ 60 cm，高 15 ~ 20 cm。

e. 经实践总结出“动大臂，移小臂”的操作要点，通过大、小臂之间的协调旋转，操作人员可以调整小臂的行程速度，确保移动喷射由点到线再到面，保持喷混凝土面的平整度。

（a）钢拱架段喷混凝土施工

（b）拱架段喷混凝土现场效果

图 1.23　钢拱架段喷混凝土施工及拱架段喷混凝土现场效果

f. 钢架段喷混凝土时，钢架肋部位易产生过厚情况，每班作业时需安排专人进行钢架肋部混凝土铲除工作。喷射完成待初凝后，人工修整平面，工人采用长柄铁锹或平铲，铲除结团、凸出的混凝土，确保表面平整美观。

1.2.3　洞身衬砌

1. 仰拱钢筋预弯不规范（图 1.24）

（1）现象：仰拱钢筋预弯弧度与设计不符（有折角）。

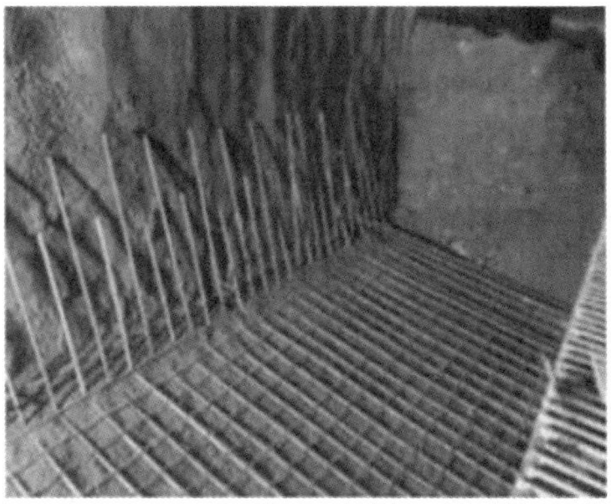

图 1.24　仰拱钢筋折角

（2）原因分析：

① 技术交底不清楚，作业标准培训不到位。

② 预弯工艺（模具）不达标。

③ 现场检查、验收不到位。

（3）防治措施：

① 对作业人员技术交底清楚，作业标注培训到位。

② 采用预弯机按照交底进行加工，对工艺进行培训，提升作业人员技术操作技能。

③ 强化现场检查指导，做好钢筋预弯的验收。

2. 二衬钢筋挤压连接不规范（图 1.25）

图 1.25　二衬钢筋挤压套筒安装质量不符合要求

（1）现象：二衬钢筋挤压套筒压痕不均，咬痕深度不足，钢筋挤压偏心、弯折。

（2）原因分析：

① 套筒上未标明压痕标志线，或挤压时压模与检查标志对正。

② 压痕时钢筋未摆正。

③ 未调直钢筋弯头。

（3）防治措施

① 挤压前在钢筋上做好定位标志和检查标志。严格按照套筒的压痕分格线挤压，垂直于钢筋轴线、从套筒中点向端部挤压。

② 调正钢筋，使被连接钢筋处于同一轴线上，调整压钳，使压模对准套筒表面的压痕标志。在压接钢筋过程中，始终注意接头两端钢筋轴线应保持一致。

③ 挤压前对钢筋端头进行检查，对于端部弯头进行切除或调直。

3. 二衬钢筋车丝、套筒连接不规范（图 1.26）

（1）现象：钢筋套筒螺纹连接丝头有效螺纹长短不一，实测一根为 19 mm，小于 1/2 套筒长度（50 mm），钢筋机械连接接头外露丝扣 3 ~ 4 扣。

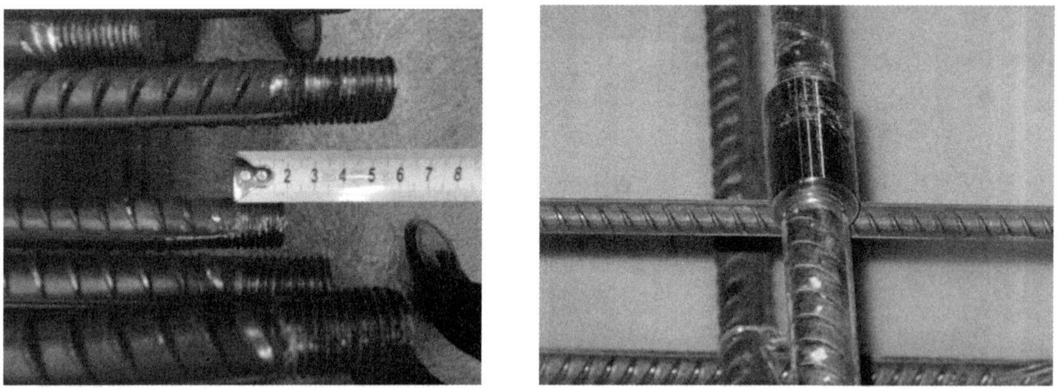

图 1.26　钢筋机械连接不符合要求

（2）原因分析：

① 有效螺丝长度过短或过长，加工好的丝头未进行逐个检查。

② 钢筋端头不平整且与中心线不垂直。

③ 加工好的丝扣未进行保护，被泥土污染、锈蚀、变形。

④ 上下钢筋接头未位于套筒中部，偏向一侧。

（3）防治措施：

① 应根据所加工钢筋的直径，调换与加工直径相适应的滚丝轮，调换滚丝轮的同时，调换与滚丝轮螺距相适宜的垫圈，确保滚丝轮与加工直径相适应。对于加工好的丝头，应采用通环规和止环规逐个检查，不合格的丝头应切去重新加工。

② 钢筋应采用砂轮切断机切割，端面应平整且与钢筋中心线垂直。

③ 检验合格的丝头应在其端头加塑料保护帽保护，防止装卸时损坏，并按规格分类

堆放整齐。

④ 钢筋接头应位于直螺纹套筒中间部位，应用管钳或力矩扳手进行施工。经拧紧后的接头采用带显示器的力矩扳手进行检测并做出标记，丝扣外露允许 1～2 扣。

4. 二衬钢筋间距不均、接头错开距离不足（图 1.27）

（1）现象：钢筋排距不足，实测最小为 12 cm，不符合设计（34 cm）要求。搭接错开长度不足，边墙预留二衬 ϕ18 钢筋采用绑扎连接，相邻钢筋端头错开距离不足（仅 34 cm），接头在同一连接区段内，不符合验标（18 mm×35×1.3=81.9cm）的规定。

图 1.27 二衬钢筋间距不均、接头错开距离不足

（2）原因分析：

① 钢筋搭接交底不清楚，钢筋下料尺寸错误。

② 钢筋骨架架立尺寸错误或固定不牢。

③ 现场检查、验收把关不严即进行下道工序作业。

（3）防治措施：

① 技术交底清楚，对作业人员进行培训。

② 现场钢筋定位准确、固定牢固，防止后期按照安装模板或混凝土振捣导致骨架变形、移位。

③ 关键工序现场跟班作业，落实“三检”制度，监理人员做好旁站记录，履行监理责任。

5. 二衬纵向施工缝接茬钢筋设置不符合要求（图 1.28）

（1）现象：仰拱与二衬素混凝土纵向施工缝未设置接茬钢筋或接茬钢筋长度不足。

（2）原因分析：

① 现场技术交底不到位，作业流程及标准执行不到位。

② 现场技术人员检查、验收不到位，失职。

（3）防治措施：

① 对作业人员进行技术交底、作业流程培训，使其熟练掌握作业标准。

② 关键工序现场跟班作业，落实“三检”制度，监理人员做好旁站记录，履行监理责任。

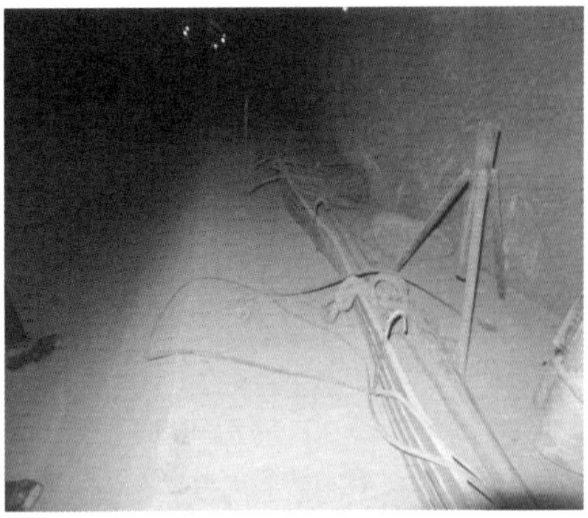

图 1.28 纵向施工缝接茬钢筋设置不符合要求

6. 衬砌钢筋保护层厚度不均（图 1.29）

（1）现象：二衬钢筋保护层厚度实测为 3 cm 和 14 cm，不符合设计（5.5 cm）要求。

（2）原因分析：

① 测量放样不准，导致钢筋定位存在误差。

② 混凝土保护层垫块未安装或者安装不到位，钢筋骨架安装加固不到位。现场检查、验收不到位，失职。

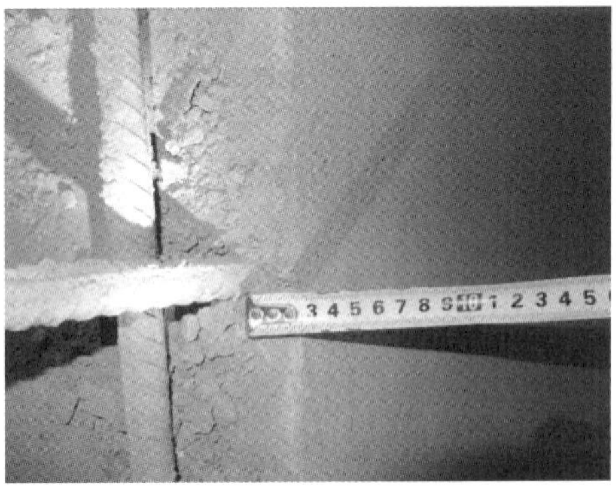

图 1.29 二衬钢筋保护层厚度不符合设计

（3）防治措施：

① 强化测量复核制，提高测量精度。

② 加密钢筋保护层垫块，钢筋骨架安装一定要牢固，在混凝土浇筑过程中注意观察，避免出现振捣时碰到钢筋的现象。

③ 对于钢筋保护层轻微不足的（轻微露筋或者混凝土表面出现钢筋印迹的），可采用在表面涂刷硅烷浸渍，增强表面混凝土强度，或者涂刷水泥基渗透结晶型材料（耐久性混凝土修补材料）；对于混凝土表面局部露筋严重的，可采用钢筋复位的方法进行修补，严重不足的返工处理。

7. 仰拱边墙振捣不密实

（1）现象：仰拱混凝土振捣不密实，存在集料、蜂窝麻面现象。

（2）原因分析：

① 仰拱采用曲模作业振捣窗口数量不足。

② 混凝土坍落度、流动性、水灰比等控制不到位。

③ 模板未打磨或打磨不彻底，混凝土粘模。

（3）防治措施：

① 仰拱模板根据振捣棒作用范围增加窗口。

② 严格控制混凝土搅拌站质量，现场做好混凝土坍落度检测。

③ 每板浇筑前对模板进行打磨，涂刷脱模剂。

8. 仰拱边墙混凝土凿毛不规范（图 1.30）

（1）现象：拱墙纵向施工缝混凝土未凿毛或凿毛面积小于 75%。

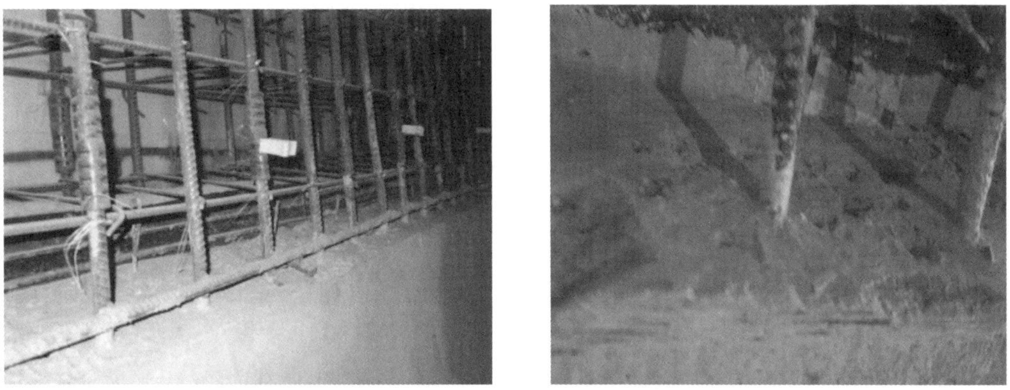

图 1.30 施工缝混凝土凿毛不规范

（2）原因分析：

① 现场技术交底不到位，作业流程及标准执行不到位。

② 现场技术人员检查、验收不到位，失职。

（3）防治措施：

① 对作业人员进行技术交底、作业流程培训，使其熟练掌握作业标准。

② 严格按验标要求对边墙施工缝处混凝土进行表面验收。

9. 衬砌混凝土存在外观缺陷（图 1.31）

（1）现象：仰拱混凝土振捣不密实，存在集料、蜂窝麻面现象；拱顶混凝土表面出现蜂窝、麻面、孔洞；二衬表面存在“人字坡”施工冷缝。

（2）原因分析：

① 仰拱采用曲模作业振捣窗口数量不足，二衬台车拱部附着式振动器间距过大，存在振捣盲区。

② 模板缝没有堵严或模板稳定性不足，振捣混凝土时模板移位，混凝土失水过多或漏浆。

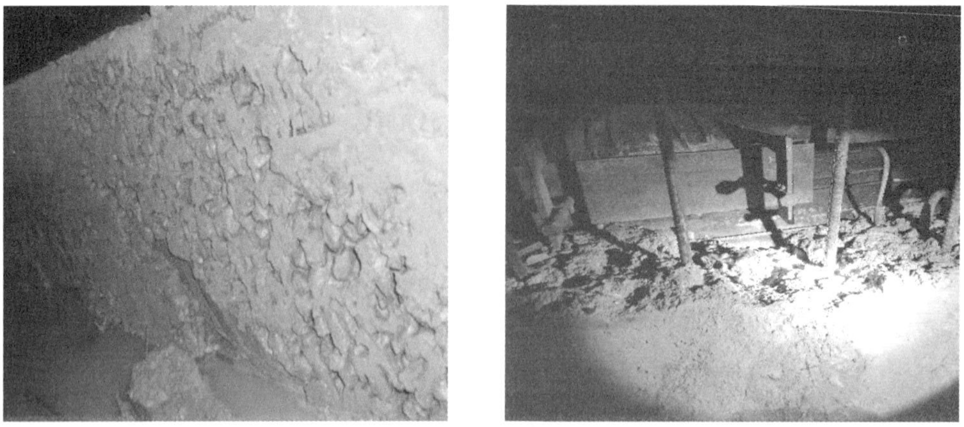

（a）仰拱边墙集料

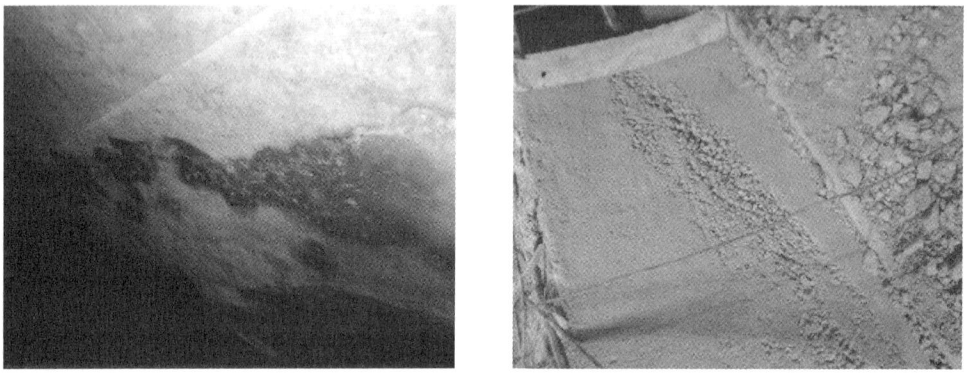

（b）二衬混凝土外观差、集料

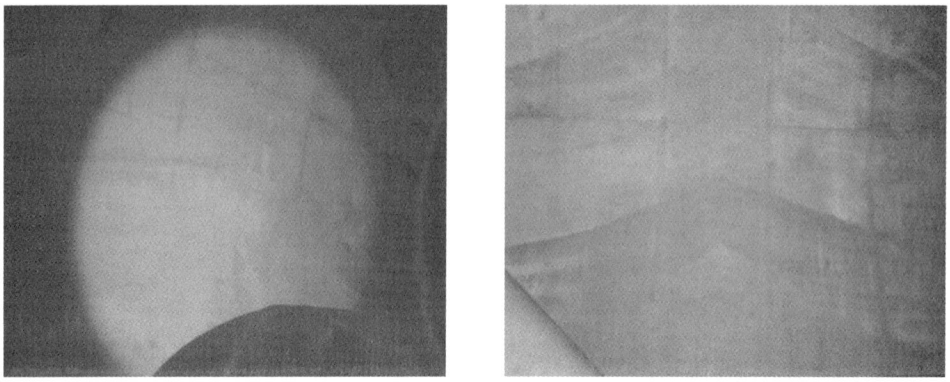

（c）“人字坡”施工冷缝

图 1.31　衬砌混凝土存在外观缺陷

③ 模板未打磨或打磨不彻底，混凝土粘模。

④ 混凝土坍落度、流动性、水灰比等控制不到位。

⑤ 混凝土一次下料过多，浇筑没有分段、分层灌注、分层振捣；振动棒没有插入到下层足够的深度，往往在层与层之间出现分层线。

⑥ 二衬台车拱部附着式振动器间距过大，存在振捣盲区。

（3）防治措施：

① 仰拱（二衬）模板根据振捣棒作用范围增加窗口。

② 模板板面清理干净，不得粘有干硬水泥砂浆等杂物。模板缝隙拼接严密，防止漏浆。脱模剂要涂刷均匀，不得漏刷。

③ 严格控制混凝土搅拌质量，现场做好混凝土坍落度检测。

④ 浇筑混凝土时，经常观察模板，发现有模板走动，立即停止浇筑，并在混凝土浇筑前修整完好。混凝土分层逐窗振捣，振动上层混凝土时，振动棒应伸入到下层 10～15 cm。振捣以不再显著下沉，不再出现气泡，混凝土表面出浆且呈水平状态，混凝土将模板边角部分填满充实。

⑤ 对松散不密实部位进行注浆，注浆选用环氧树脂或者超细水泥浆。

⑥ 凿除松散体（图 1.32），重新浇筑混凝土或者使用环氧砂浆进行修补。

图 1.32 凿除松散混凝土

10. 注浆不饱满（图 1.33）

（1）现象：带模注浆后未见浆液溢出，实际检测拱顶不密实或脱空。

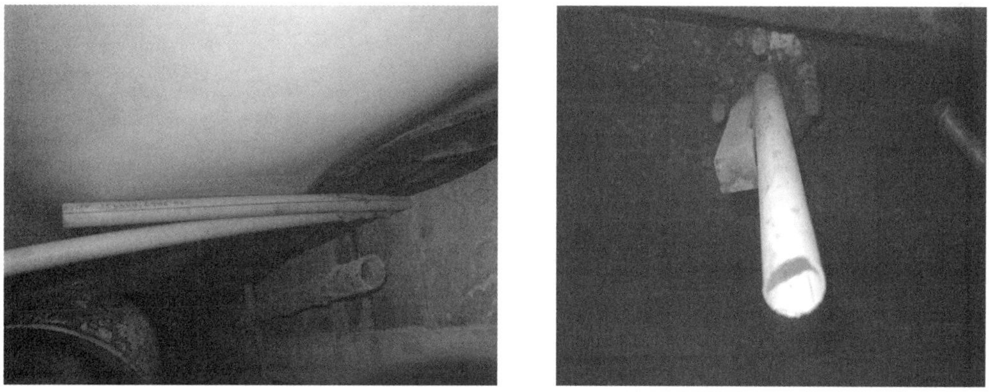

图 1.33 带模注浆后未见浆液溢出

（2）原因分析：

① 现场二衬拱顶存在超挖现象，安装注浆管长度未调整，导致浇筑混凝土冲顶浆液堵塞注浆管。

② 注浆料按要求采用专用复核注浆料，按照质量比 1∶1 加水配制。

③ 现场主要采用控制注浆压力的方法，注浆压力超过 1.0 MPa 未出浓浆，即更换注浆孔注浆。

（3）防治措施：

① 注浆管的下料根据初支超挖尺寸配料。

② 现场配置计量设备，严格按照配合比拌制浆液。

③ 带模注浆与液位继电器报警器相结合，注浆至液位继电器再次报警后停止注浆，并配合观测排气孔浆液。

11. 隧道二衬裂纹（图 1.34）

（1）现象：二衬表面出现裂缝。

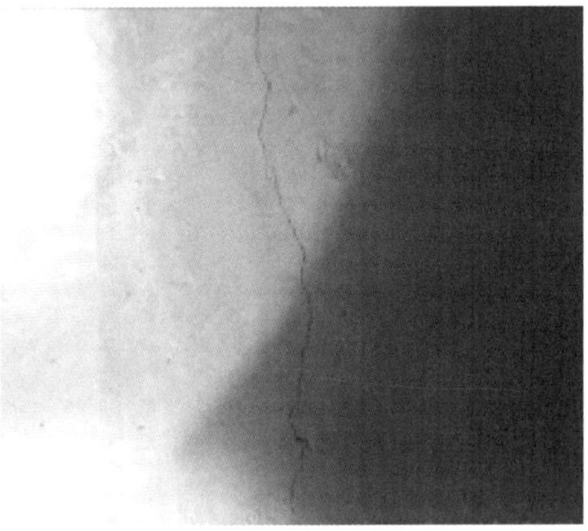

与线路方向垂直交叉

斜向裂缝（与线路成角度交叉）

图 1.34　隧道二衬裂纹

（2）原因分析：

① 荷载作用产生的变形裂缝。

② 界面裂缝（主要有干缩裂缝、温度裂缝等）。

a. 混凝土水胶比影响。衬砌浇筑工艺采取泵送至自动布料台架经溜槽入模的方式，混凝土工作性有较高要求，需要有足够的流动性方可自动布料。现场存在过度追求混凝土流动性现象，在混凝土生产时出厂坍落度过大，或现场时有发生人工加水情况，使混凝土水胶比大于设计水胶比，而裂纹出现位置普遍位于入料窗口之间，混凝土流动至两个窗口之间位置时，便出现浆体多、骨料少的情况，同时边墙部位需承受上部混凝土的重力，受力较上部混凝土大，从而易产生裂纹。

b. 原材料质量不稳定。一是现场原材料质量存在波动，如碎石针片状过多、机制砂石粉含量较大易产生裂纹。二是目前施工任务紧，水泥供应困难，不排除水泥温度过高便进行生产情况存在，这些均易造成混凝土产生裂纹。

c. 混凝土振捣不到位。一是窗口之间振捣难度较大，钢筋分布较密，勾筋密集，捣固棒穿过钢筋困难，两个窗口之间属于振捣薄弱部位，混凝土不能充分连接，无法保证混凝土均匀密实。二是作业人员责任心不强，管理人员对混凝土浇筑关键工序盯控不到位。

d. 混凝土养护的影响。受作业空间限制，混凝土强度达到拆模强度后无法及时拆模，在混凝土浇筑完成的3 d内仍带模养护，而衬砌部位无其他外露面能有效释放温度应力，无法进行保湿养护，在混凝土浇筑后3 d内混凝土内部温度达最高峰，混凝土表面严重失水，造成混凝土在3 d左右产生裂纹。

（3）防治措施：

① 隧道施工方面。加强施工中的地质复查核实工作，对开挖暴露后的围岩情况与设计不符的，要及时与设计沟通，做好设计变更，选择正确的施工方法，做好过程控制。

② 尽可能采用先进的施工技术设备，尽量减少施工对围岩的扰动，提高衬砌质量。施工中可采用光面爆破，严格控制超欠挖，保证二衬结构厚度的均匀性。

③ 二衬混凝土材料改善。二衬混凝土失水收缩和温度差产生的温变是导致隧道二衬裂缝的重要原因之一。首先要严格控制施工配合比，特别是水灰比。通过合理添加膨胀剂等外加剂，可有效降低二衬混凝土的温度收缩和失水收缩，提高二衬的抗裂缝能力。

④ 一是严格控制混凝土入模工作性能。加强混凝土生产质量控制及运输管理，不得在罐车内或溜槽上加水，确保混凝土入模坍落度满足配合比设计要求。特别在裂纹高发部位应尽可能采用低坍落度混凝土，可有效防治裂纹产生。二是严格控制原材料的质量。针片状较多的碎石、石粉含量超标的机制砂、水泥温度过高等一律严禁使用。三是尽早对混凝土进行养护。混凝土拆模后应第一时间进行养护。四是强化衬砌浇筑过程控制，重点是振捣环节，应观察振捣后混凝土表面的状况，是否出现泌水或浮浆多的现象，如有必须处理完后再继续进行浇筑。

⑤ 非结构性裂纹。

a. 表面封闭法：如裂缝宽度为 0～0.2 mm，且无明显的剪切滑移、渗水迹象，对结构的强度、刚度、稳定性会产生一定的影响，但不影响结构安全和正常使用，可采用直接涂抹法进行处理，涂抹材料建议用水泥基渗透结晶型材料或环氧树脂混凝土修补，且要加强养护。

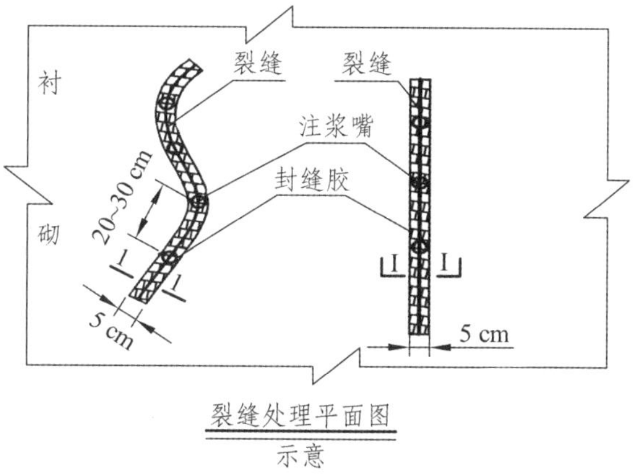

图 1.35　裂缝处理平面示意图

b. 埋管注浆法：如衬砌混凝土裂缝宽度为 0.2～0.5 mm，无明显错动迹象，但有渗水现象发生，可采用埋管注浆法修补。浆液可采用环氧树脂、聚氨酯浆材等，可加入适量稀释剂以降低浆液黏度，便于灌注。如裂缝有明显的剪切滑移迹象，除采用埋管注浆法外，还应进行锚固注浆。

c. 凿槽嵌补法：如衬砌混凝土裂缝宽度为 0.5 ~ 1 mm，且无明显的剪切错动渗水迹象，可采用凿槽嵌补法修补。凿槽槽宽为 2 ~ 5 cm，槽深根据裂缝深度确定，最大深度不得超过三分之二衬砌厚度。

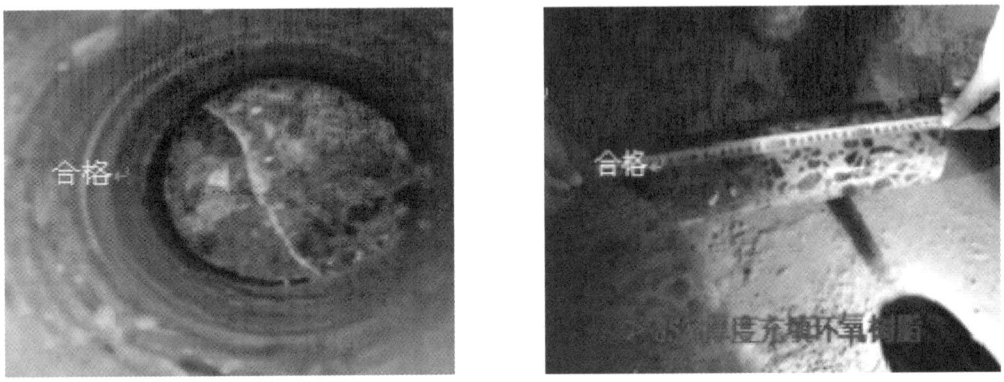

图 1.36　二衬裂纹整治效果经取芯检查

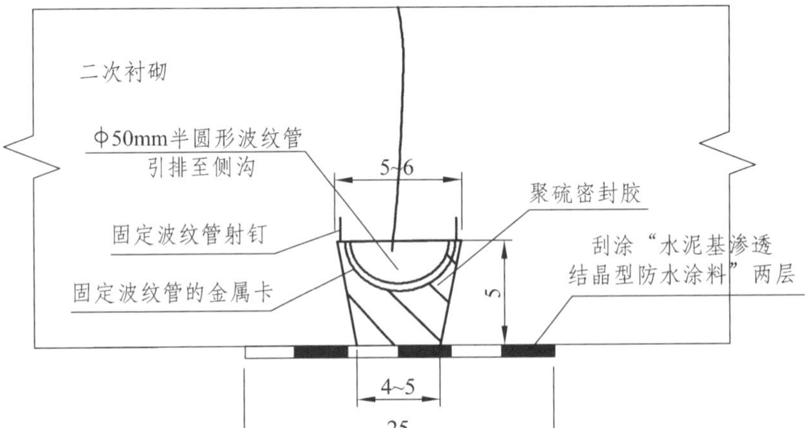

图 1.37　凿槽处理平面示意

6 结构性裂纹：由于结构性裂缝破坏了衬砌整体性，会给结构安全带来较大隐患，原则上应采取拆除衬砌重建的方式，可根据具体部位、严重程度、地质条件等，研究确定拆除拱部 144°范围或将墙拱全部拆除或加固仰拱等具体措施。

12. 二衬渗漏水（图 1.38）

（1）现象：衬砌拱墙、仰拱不同部位存在渗水。

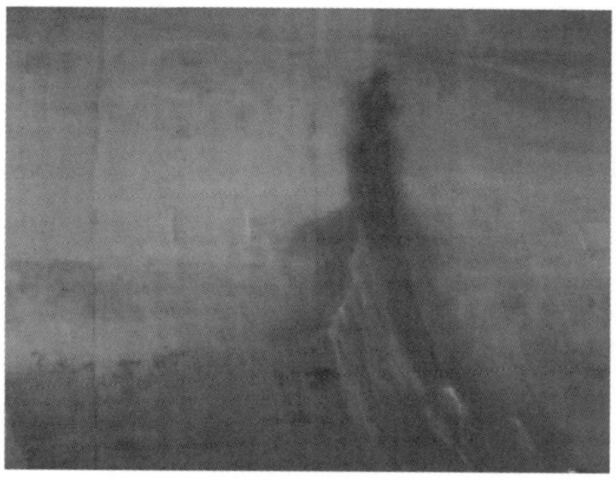

（a）衬砌拱墙渗水

（b）仰拱填充（底板）渗水

图 1.38　二衬渗漏水

（2）原因分析：

① 不良地质环境隧道穿越漂卵石类土、节理发育的岩层、溶洞、暗河等。

② 衬砌开裂损伤衬砌纵向、环向、斜向、月牙形裂缝处等渗漏水。

③ 混凝土骨料污染、拌和不良、水灰比控制不良。

④ 混凝土振捣不实、模板漏浆、背后空洞、三缝处理不良。

（3）防治措施：

① 做好结构防排水、施工缝和变形缝防水、洞口防排水，严格控制施工工艺及质量，确保盲沟、排水管（沟）排水畅通。建议调平层增设横向排水管，纵向靠近水沟边墙埋设纵向排水盲管。

② 防水板铺设之前，严格检查初支表面渗漏水点，在渗漏水点处增设环向盲管和纵向盲管。

③ 处理好三缝，防水板铺设好，严格止水带安装工艺，膨胀止水带（胶）按设计要求做好。

图 1.39　衬砌注浆作业

④ 当裂缝渗水量较大（以线状流出、滴水）、渗水含泥砂且水压大时，应先做引排。引排开槽的断面形状以矩形或倒梯形为好，封堵槽沟时要加混凝土界面剂。引排管用半

圆形 PVC 管或小直径钢纤维透水管均可。封槽后应注意使结构表面平整、光滑。引排管上端应高于渗水部位 10 cm 以上，并一直通到洞内排水沟。封槽材料有：双快水泥、堵漏灵、堵漏停、聚合物水泥砂浆、改性环氧树脂砂浆、普通速凝砂浆及聚氨酯密封胶等。

⑤ 对处于水位线以下的结构渗水裂缝，只用凿槽封堵的方式治理不能彻底，复发率很高，采用注浆封堵的方式较为合理。同时这类裂缝多数比较细窄，耗浆量不多，注浆材料固化后与原混凝土有较好黏结密封性。

a. 超细水泥注浆：对于裂缝宽度在 0.5 mm 以上、水量不大时，采用超细水泥进行注浆封堵。

b. 水泥-水玻璃双液注浆：对拱墙大面积渗水、施工缝渗水等情况采用水泥-水玻璃双液注浆施工。

c. 其他新型、高性能化学浆液。

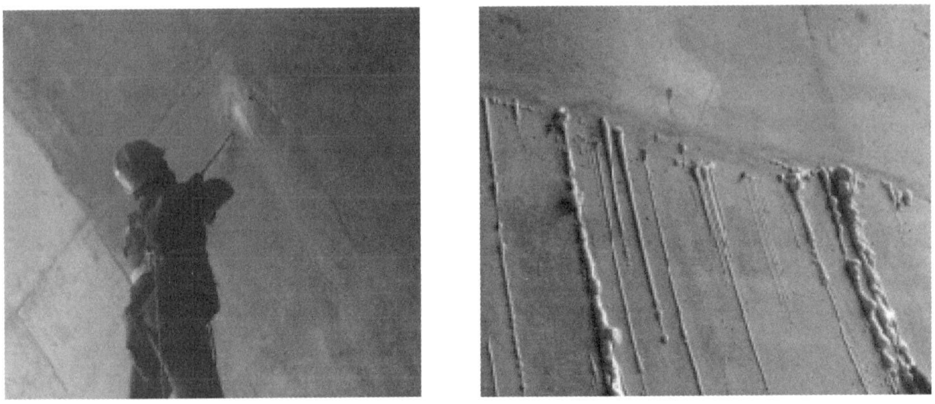

图 1.40 钻孔、注浆

⑥ 仰拱及填充面渗水应根据地质、病害严重程度等具体情况，研究泄压、疏排或注浆整治方案。建议钻设隧底泄水孔，在侧沟或离中沟侧 30 cm 钻 ϕ110 mm 泄水孔，钻孔深度至二衬与初期支护分界面，孔内安置前端包裹土工布的 ϕ100PVC 管，管内回填粗砂，管壁灌注 M20 水泥砂浆。

⑦ 水泥基渗透结晶型防水涂料是一种由硅酸盐水泥、硅砂和活性化学物质配制而成的粉状混合物，是目前世界上先进的刚性防水材料，其物理性能见表 1.1。针对部分地段混凝土表面湿渍和施工缝渗漏水，考虑到不破坏止水带，主要采用注浆和涂抹防水涂料的方法进行处理。

表 1.1 水泥基渗透结晶型防水涂料的物理性能

序号	项目		性能
1	凝结时间	初凝时间/min	≥20
		终凝时间/min	≤24
2	抗折强度/MPa	7 d	≥2.8
		28 d	≥4.0

续表

序号	项目		性能
3	抗压强度/MPa	7 d	≥12
		28 d	≥18
4	潮湿基层黏结强度（28 d）/MPa		≥1.0
5	抗渗压力/MPa	一次抗渗压力（28 d）	≥1.0
		二次抗渗压力（56 d）	≥0.8
6	冻融循环 50 次		无开裂、起皮、脱落

13. 衬砌施工缝处理不规范（图 1.41）

（1）现象：衬砌施工缝废边、剥落、掉块或压溃裂纹。

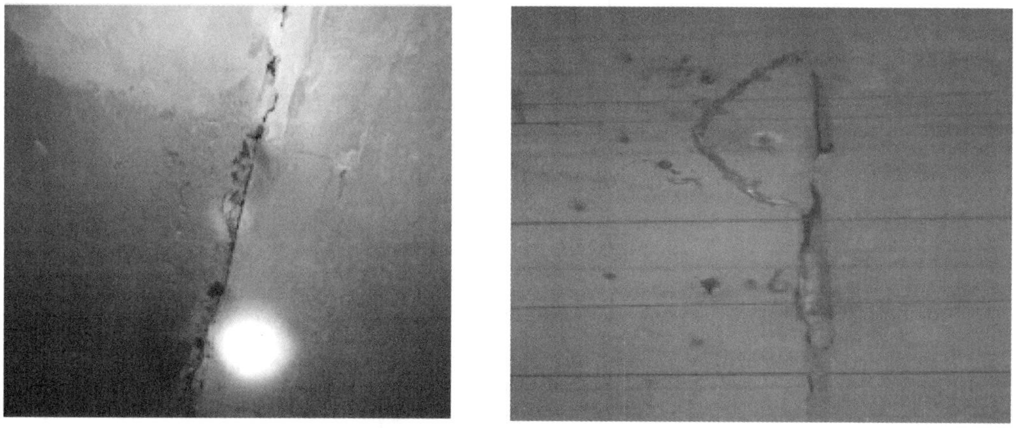

（a）施工缝掉块　　（b）施工缝压溃闭合性裂纹

图 1.41　衬砌施工缝处理不规范

（2）原因分析：

① 模板漏浆造成骨料离析；模板面未打磨干净造成混凝土粘皮；硬物碰撞等造成施工缝混凝土出现松散、缺失，存在剥落掉块风险。

② 止水带偏位或防水板被混凝土挤压脱落后分割表层混凝土使混凝土产生夹层，形成废边掉块、月牙形裂纹。

③ 台车模板定位时需搭靠在前一组二衬施工缝的混凝土上，因前一组混凝土的强度不满足要求（拆模时间过早），或台车定位顶撑幅度、油缸压力控制不当，造成前一组二衬施工缝混凝土被挤溃或形成裂纹、裂缝，与施工缝闭环形成孤立小块结构，存在掉块隐患，一般多数存在于拱顶、拱腰部位。

（3）防治措施：

① 衬砌模板堵头模板封模后，仔细检查模板密封情况，保证密贴、不漏浆；做好成

品保护及模板台车定位时混凝土保护措施；靠近施工缝端头模板表面应打磨清理；加强施工缝区域的混凝土振捣，确保其密实。

② 衬砌台车定位时顶撑控制不当易造成上组二衬施工缝位置被顶裂，由于上组衬砌混凝土强度未达到设计强度，工人在台车定位时通过肉眼辨识台车模板与上组衬砌混凝土搭接位置是否密贴很难看清，控制定位油缸顶升的力度、幅度过大，造成衬砌施工缝被顶溃出现裂缝现象。可采用二衬台车端头安装定位防顶裂报警装置（图 1.42），辅助提醒控制调整幅度，并进行定位顶撑微调。防顶裂装置原理：由三组微动开关、声光报警器、继电器以及一台小型变压器（输出电压为 24 V 安全电压）等组成。在衬砌台车顶靠上组二衬端的顶模、两侧模边缘处安装微动开关（连接声光报警器），微动开关触点高出台车面板轮廓 10～15 mm，当台车顶模或边模顶升到接近混凝土面时，微动开关触点与混凝土面提前接触，微动开关由常开变成常闭，报警器开始报警，此时需要手动关闭报警器，然后通过人工观察报警位置并进行精确微调定位。拱顶与边墙任何一组开关接触混凝土面都会自动报警，通过独立的拨动开关分别控制报警器。该装置操作简单，可有效防止拱顶出现顶裂。

图 1.42　台车定位防顶裂及声控报警装置

③ 止水带安装规范，防水板铺设平顺，止水带、防水板切割表层混凝土缺陷范围采取倒梯形拆换加筋处理。

④ 对有掉块风险的部位按“只做减法，不做加法”原则处理措施如下：

a. 彻底凿除、切除松动、破损的混凝土块或砂浆块后，采用角磨机打磨平整，最后表面涂刷水泥基材料防护。如凿除后施工缝破损深度大于 10 cm 或缝宽度大于 20 cm 时，对缺陷范围应采取拆换重筑处理。

b. 施工缝压溃闭合裂纹：距施工缝≤20 cm 的闭合裂纹块彻底敲除，表面打磨后先涂刷环氧树脂涂层，再涂刷水泥基渗透结晶材料防护层；对施工缝>20 cm 的较大块的闭合裂纹，采取倒梯形拆换加筋处理。

图 1.43 施工缝切割、修整

14. 衬砌存在错台（图 1.44）

（1）现象：衬砌施工缝在台车模板搭接处存在混凝土粘壳、错台过大。

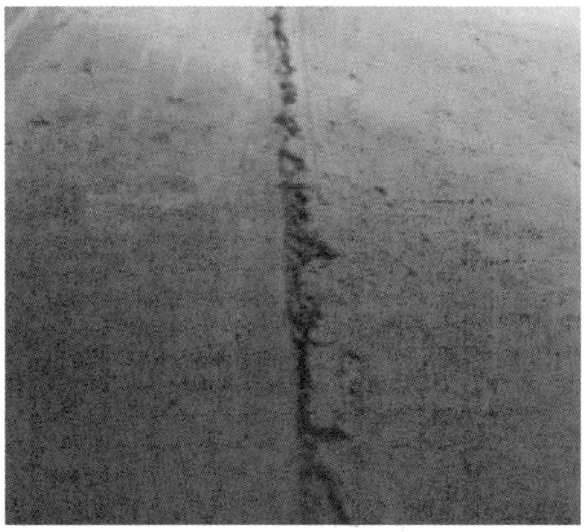

图 1.44 衬砌施工缝错台

（2）原因分析：

① 台车模板与上一组二衬混凝土搭接部位不密贴，造成浇筑混凝土的水泥浆液逸出凝结而形成薄皮、块，易剥落掉块，并导致较错台。

② 二衬混凝土浇筑过程中分层、分仓不合理，混凝土对台车产生的压力不均匀，可能造成模板移位、变形。

③ 二衬混凝土整体一次浇筑成型，台车拱脚部位受径向力较大，边模丝杆变形或对地丝杆固定不牢固将导致拱墙部位支撑薄弱，从而产生接头错台。

（3）防治措施：

① 强化测量复核，模板定位精确，仔细调校台车模板，使其前后模板轮廓弧度一致；模板台车定位后，须认真检查模板密贴性和油缸、顶撑定位稳固性；在曲线段，应采用橡胶条垫片、发泡剂等必要的辅助封堵缝措施（如采用高分子可调节复合挡板，防漏浆、防顶裂等）。

② 二衬浇筑过程中要及时对液压千斤顶进行加压，尽可能消除浇筑过程液压顶泄压

造成的二衬错台。

③ 混凝土浇筑采用分层、左右侧交替对称浇筑，送料方式采用先送一侧 4 个窗口，每层 50 cm，再进另一侧 4 个窗口，两侧混凝土高差严禁超过一层（50 cm）。送料溜槽坡度不宜大于 45°，条件受限无法满足坡度要求时，宜采用软管或串通布料。一侧布料厚度达 50 cm 时，关闭本侧分料斗插板，打开另一侧分料斗插板向另一侧送料，严禁“跳跃式”浇筑。

④ 控制混凝土浇筑时间，浇筑太快拱脚混凝土没有初凝，承受的侧压力集中，可能造成模板出现变形从而导致错台等现象，浇筑时要保证连续浇筑，以免施工中断对二衬台车产生偏压等不合理现象。

⑤ 有粘壳部位，顺着施工缝采用砂轮机切缝，整齐切断搭接部位水泥浆粘壳，并用角磨机将错台部位打磨平整、圆顺（图 1.45）。

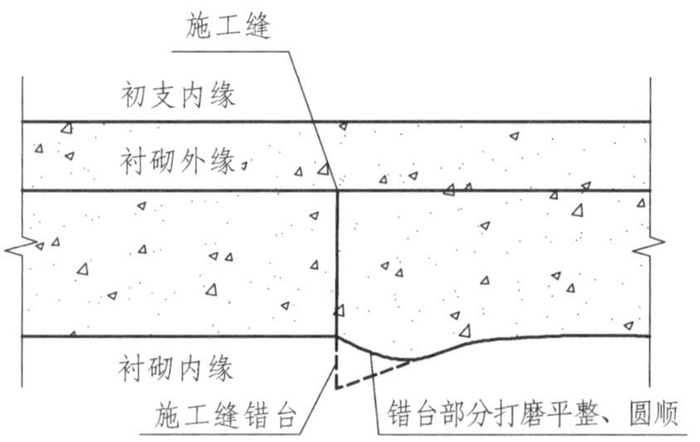

（a）施工缝错台示意

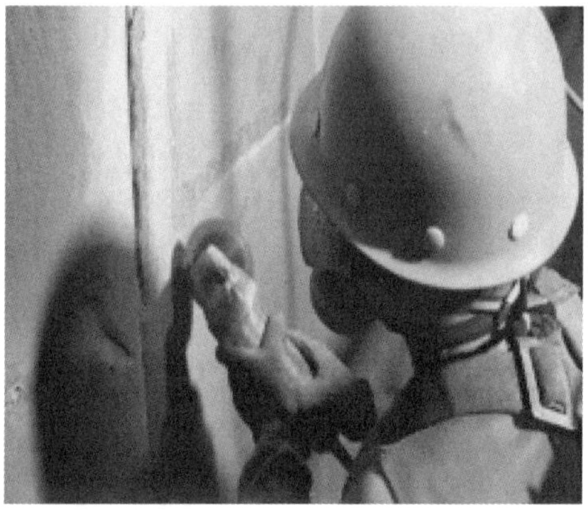

（b）用角磨机打磨错台

图 1.45　施工缝错台示意和用角磨机打磨

15. 二衬施工缝止水带外露（图 1.46）

（1）现象：隧道模板拆除后，施工缝处部分止水带外漏，影响止水效果。

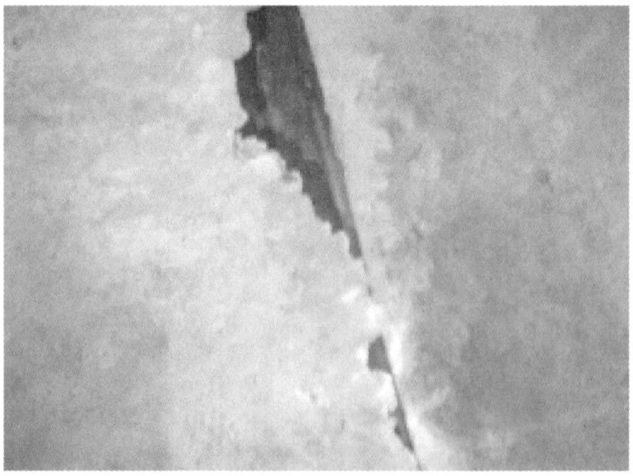

图 1.46　二衬施工缝止水带外露

（2）原因分析：衬砌素混凝土段二衬施工缝止水带定位钢筋卡设置间距过大，造成橡胶止水带被混凝土挤压偏位。

（3）防治措施：

① 增加钢筋定位卡数量，减小定位卡间距。

② 彻底凿除被止水带切割分块的混凝土松动块，表面打磨平整后涂刷水泥基结晶型材料防护。

16. 衬砌混凝土存在脱空和空洞（图 1.47）

（1）现象：衬砌背后混凝土未灌注满，防水板背后存在空洞。

（a）混凝土未灌注满

（b）防水板与初支面不密贴

图 1.47　衬砌混凝土存在脱空和空洞

（2）原因分析：

① 混凝土本身原因，骨料污染、拌和不良、水灰比控制不良，和易性差，混凝土离析等。

② 防水板铺设未与初支面完全密贴或防水板预留松弛度不够，造成局部脱空导致厚度不足或脱空。

③ 衬砌台车挡头板封堵不严实，漏浆，造成二衬背后脱空或不密实。此情况多出现于拱顶处。

④ 混凝土浇筑时未能逐窗下料，混凝土流动距离过长，混凝土受（防水板、钢筋、杂物等）阻挡，远离窗口处易因混凝土供应数量不足、未及时振捣而造成脱空。

⑤ 混凝土浇筑过程中未振捣密实，混凝土收缩，造成拱部脱空。

⑥ 拱部观察混凝土浇筑情况时，因现场管理人员责任心不强、判识不清、误判等，混凝土冲顶时未冲顶到位，台车内形成气囊，台车内形成气囊，造成混凝土大面积脱空或厚度不足。

（3）防治措施：

① 加强混凝土质量过程控制，相关指标检测合格后方可使用。

② 防水板铺设松紧适度，固定点间距严格按设计要求布置，搭接长度、焊缝及固定点焊接，严格按防水板施工作业要求施工到位。

③ 模板台车按衬砌施工作业要求施作，模板加固支撑体系严格检查，并采取防止上浮措施，各预留孔洞封堵到位，拱部浇筑预留通气孔。

④ 混凝土浇筑严格落实铁总“分窗”浇筑、“分层”振捣工艺要求。严格按照衬砌施工作业要求施作，严控施工浇筑顺序。

⑤ 混凝土冲顶浇注时，应适时混凝土的坍落度，确保混凝土的和易性和流动性；严格按照从里到外逐管浇注的原则，防止形成空气囊（拱部）而造成衬砌背后空洞。

⑥ 一般二衬台车长度为 9 m、12 m，9 m 台车建议开孔 3 到 4 个孔，12 m 台车多增加一个孔，开孔宜为 4~5 个孔；冲顶时最好先从既有二衬端开始，这样可以避免压气形成气囊。在端头模端设置一个检查孔，冲顶时派专人观察冲顶情况或在端头模端台车安装防脱空继电报警装置，重点盯控液位继电器装置、拱顶溢浆观察、带模注浆等防脱空措施落实情况。

⑦ 衬砌混凝土脱空厚度满足设计要求时采取注浆措施，衬砌厚度不足时根据衬砌实际尺寸，按照设计图纸要求处理。

17. 衬砌混凝土厚度不足（图 1.48）

（1）现象：初支侵限或者欠挖造成无初支且二衬厚度不足。

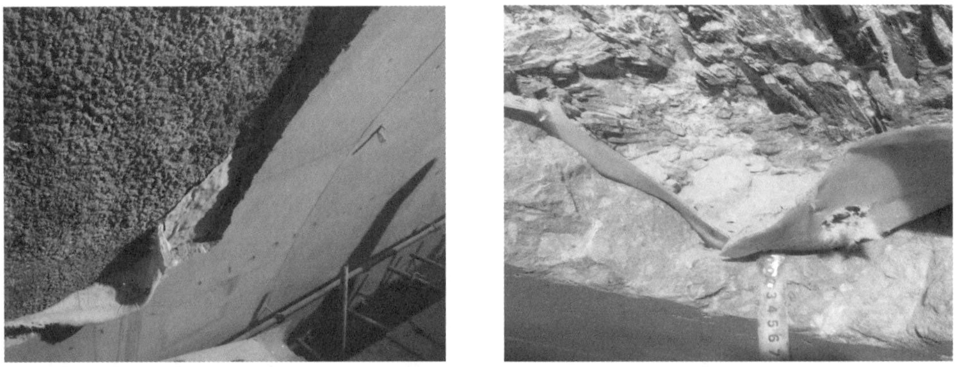

图 1.48　初支侵限或者欠挖造成无初支且二衬厚度不足

（2）原因分析：

① 隧道断面欠挖，达不到设计要求，初支侵限，造成混凝土厚度不足。

② 测量数据错误，整个隧道断面偏位。

（3）防治措施：

① 衬砌施工前，对断面进行复测，严格控制超欠挖，每循环开挖爆破后，由测量组对成型效果进行断面测量检查，根据进尺采集眼口与眼底两个断面，根据围岩状况、成型效果及时调整周边眼钻孔开孔位置、眼间距、外插角等参数；对周边可疑鼓包进行测量检查，标识出欠挖部位，并给开挖班交底，及时处理并复查确认，杜绝欠挖造成二衬欠厚。

② 现场测量组、质检工程师确认初支面有无欠挖，若存在欠挖则追溯原因，及时纠正、处理欠挖，无欠挖才能铺设防水板

③ 一般敲击出空响的，混凝土厚度很薄只有拆除重建，对混凝土面凿除至规定厚度，重新浇筑混凝土。

1.2.4 洞身防排水

1. 初期支护尖锐物切破防水板（图 1.49）

（1）现象：初期支护喷射混凝土面锚杆头、量测桩等尖锐物未切除，易戳破防水板。

图 1.49 初期支护尖锐物切破防水板

（2）原因分析：

① 技术交底不清楚或落实不到位。

② 初支基面检查验收不细致。

（3）防治措施：

① 在铺设防水层之前应对基面的渗漏水、外露的突出物、表面凹凸不平处和断面净空尺寸进行检查处理。

② 外露出基面的锚杆头、外露钢筋头、量测桩、电缆挂钩等尖锐物应进行割除处理，以防止刺破防水层，见图 1.50（a）。

③ 基面应平整，无空鼓、裂缝、酥松等质量缺陷，否则应喷射混凝土或用水泥砂浆找平处理，见图 1.50（b）。

（a）基面钢筋头切割

（b）砂浆找平处理

图 1.50　初期支护尖锐物切破防水板的防治措施

2. 泄水孔埋设反坡、安装位置错误（图 1.51）

（1）现象：泄水孔反坡埋设，孔内已积满水，泄水孔被堵塞，未疏通。盲管泄水孔在施工缝上方 2 cm，边墙个别泄水孔边缘距施工缝仅为 14 cm（设计为 30 cm）。

（2）原因分析：

① 模板开孔位置定位不准，存在偏差。

② 泄水管未做横坡。

③ 浇筑混凝土振捣棒碰触到泄水管，盲管口上浮。

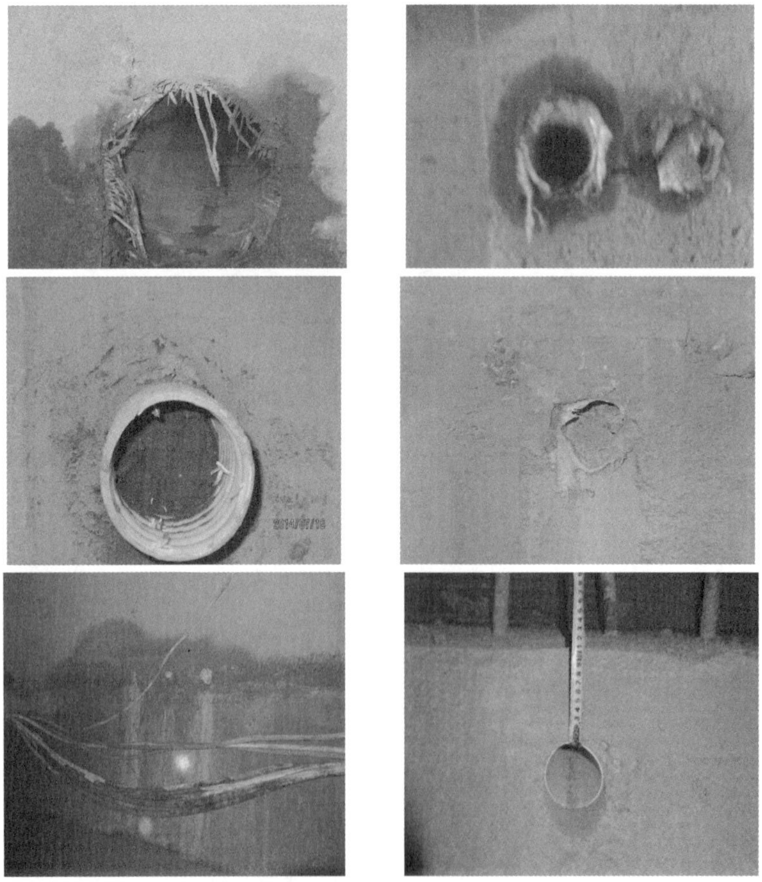

图 1.51　泄水孔反坡或距施工缝距离不足

（3）防治措施：

① 仰拱边坡模板开孔位置要固定，泄水孔边缘与施工缝间距小于 30 cm。

② 盲管安装过程中角度达到 135°，在边墙（接近末端部分）用钢筋加密固定。

③ 混凝土浇筑、振捣做好标记，振捣棒避免碰触到盲管。

3. 纵向盲管包裹不对（图 1.52）

（1）现象：边墙防水板把纵向盲管全封闭包裹，不利于排水，不符合设计要求。

（2）原因分析：

① 技术交底及培训不到位。

② 检查验收不到位，管理失责。

图 1.52　边墙防水板把纵向盲管全封闭包裹

（3）防治措施：

① 对作业人员进行技术交底和作业培训，考核合格后方可上岗作业。

② 根据设计要求边墙纵向盲管进行半包处理，强化现场检查验收，验收合格后方可进行下道工序作业。

4. 防水板铺设不规范（图 1.53）

（1）现象：防水板搭接长度不足，热熔固定点存在过焊或漏焊现象，防水板松弛度大。

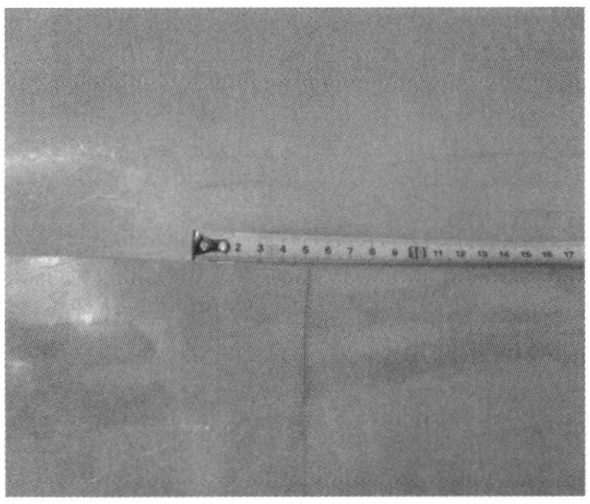

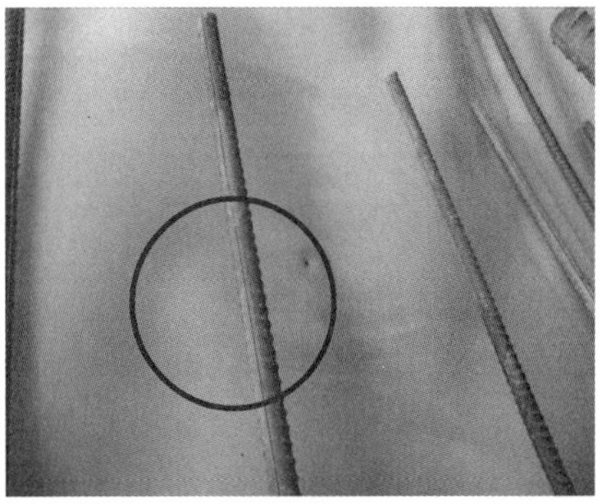

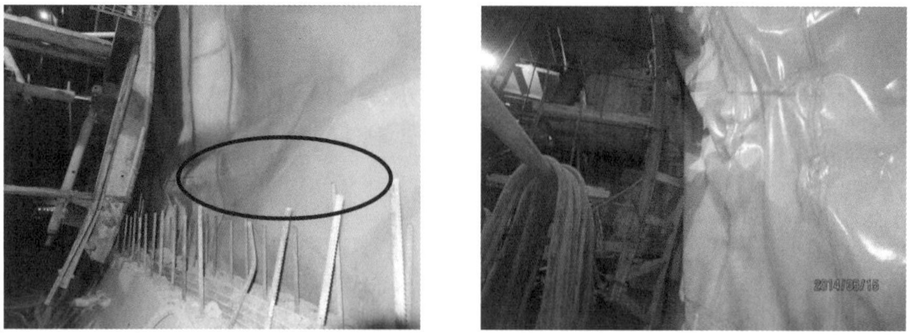

图 1.53 防水板焊接质量不符合要求

（2）原因分析：

① 防水板施工技术交底执行不到位，安装前未对搭接长度进行标识，对热熔垫圈布置的位置未进行标识。

② 作业人员操作过程中不细致或焊接技能不熟练，造成防水板存在漏焊或焊穿防水板现象。

③ 热熔垫圈固定钉帽高度过高，未低于垫圈面，导致垫圈与防水板焊接时焊穿防水板。

（3）防治措施：

① 热熔垫圈采用与防水板不同的颜色，使用射钉将热塑性垫圈和土工布平顺地固定在基面上，固定点间距拱部宜为 0.5～0.8 m，边墙 0.8～1 m，底部 1～1.5 m，按梅花形进行布置。

② 防水板的铺设：

a. 防水板铺设前先检查防水板质量，保证无老化、波纹、斑点、刀痕、撕裂、空洞等缺陷，如果上述缺陷较多则该防水板不得使用。

b. 洞外已准备好的防水板，从两边向中间卷成两卷，铺设时，从拱部向下展铺。黏结工序与固定工序应紧密配合，保证防水板铺设质量。

c. 施工时，先将防水板中线与拱顶中线重合，然后向两边展铺，一边展铺一边用超声波焊接机将防水板与热塑性垫圈融化黏结为一体，保证防水板与缓冲层密贴，严禁出现衬砌前防水板脱落现象。

d. 两幅防水板的搭接宽度不少于 15 cm，分段铺设的防水板时，边缘部位预留至少 20 cm，并对预留防水板进行有效保护。防水板搭接缝与施工缝错开距离不小于 50 cm。

e. 搭接焊缝为双焊缝，焊缝宽度不得小于 1.5 cm，焊接采用爬行式热和机焊接，将热合机预热，然后放在两层防水板之间，边移动融化防水板边顶托加压，直至焊缝黏结牢固，机器不宜焊接的部位采用手持焊枪焊接。焊缝如有漏焊、假焊等现象应补焊，如有烤焦、焊穿等应用同材质的防水板焊贴覆盖。

f. 防水板焊接完毕后采用充气法进行检测，充气压力为 0.25 MPa。保持该压力不小于 10 min，允许压力下降 10%。如压力持续下降，应检查出漏气部位并对该部位进行可靠补焊。

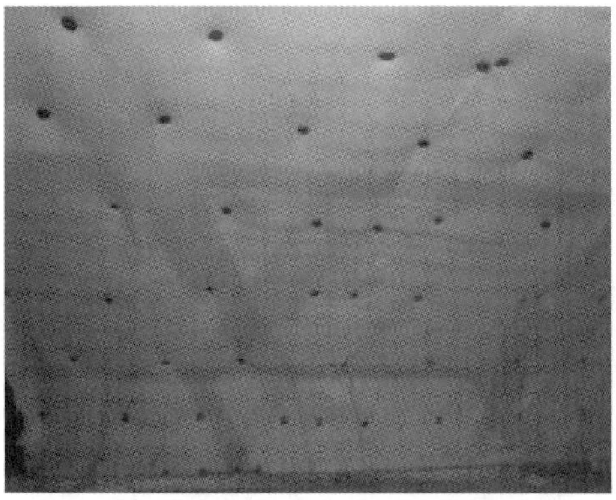

（a）黑色热熔垫圈固定

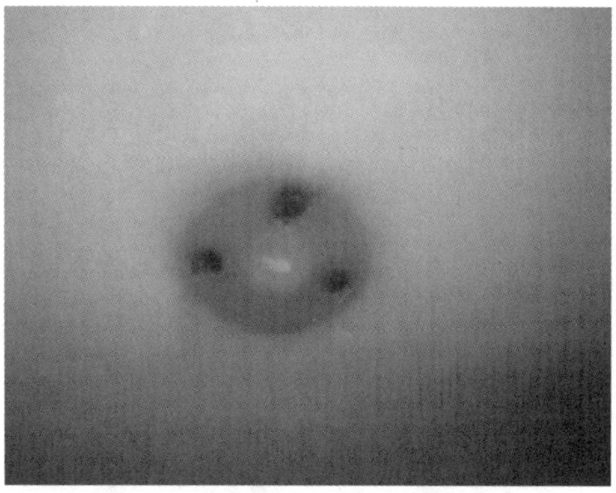

（b）防水板与垫圈超声波焊接

（c）防水板的焊接

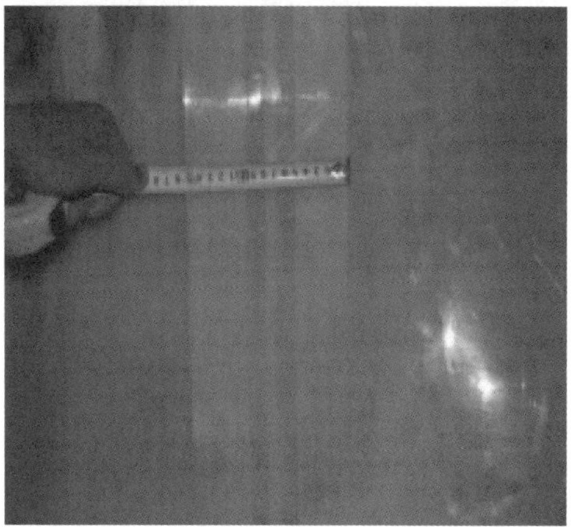

（d）防水板搭接

图 1.54 防水板铺设

③ 防水板的保护：

a. 在钢筋安装前在钢筋端头安装套管，避免钢筋头刺破防水板，在仰拱边墙钢筋与防水板之间增设防护板（图 1.55）。

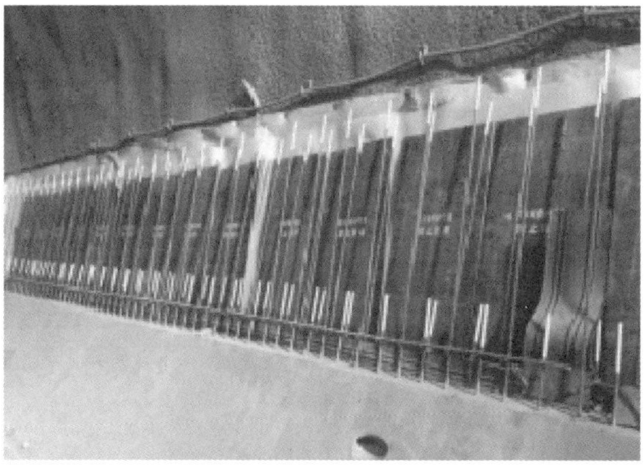

图 1.55 钢筋保护套管及防水板防护板

b. 钢筋段防水板铺设完成后采用“两次检查”的方式，即在常规的防水板检查之外，在衬砌拱墙第一层外圈钢筋安装完成后，再进行一次自检，加强自控、避免损伤检查盲区。

5. 中埋式止水带搭接长度不足、黏结不牢（图 1.56）

（1）现象：纵向中埋式止水带预留搭接长度（仅 15 cm）不足（标准 20 cm），纵向中埋式止水带连接方式采用搭接（未黏结），不符合设计要求。

图 1.56　止水带搭接不符合要求

（2）原因分析：

① 现场技术交底执行不到位，下料尺寸错误。

② 止水带接头处未打磨或黏结后未进行固定。

③ 现场检查、验收不到位。

（3）防治措施：

① 对作业人员进行技术交底培训，熟练掌握止水带安装标准。

② 关键工序现场跟班作业，落实“三检”制度，监理人员做好旁站记录，履行监理责任。

6. 中埋式止水带未按设计使用钢筋卡固定，定位偏差大（图 1.57）

（1）现象：仰拱边墙纵向中埋式止水带埋设外露宽度不足（最小仅 7 cm）。仰拱环向中埋式止水带固定位置不准确，局部全宽埋入混凝土内。

图 1.57　止水带安装不规范

（2）原因分析：

① 边墙止水带埋设未采用钢筋定位牢固或混凝土浇筑高于设计位置。

② 环向止水带安装错误，一般止水带安装要求整环无搭接，现场往往使用裁断安装的方法进行安装，导致止水带失效。

③ 环向止水带固定错误，传统做法是用L形钢筋，让止水带弯成直角，一端埋入混凝土内，一端紧贴端头模，拆模后，将紧贴端头模那一端扒开撑直，将止水带恢复成180°，打入后一板衬砌的混凝土内。这种方法看似简单易操作，实际上时行不通的，也是产生止水带偏位的主要原因。

（3）防治措施：

① 对作业人员进行技术交底培训，采用设置U形定位钢筋固定止水带（图1.58），严控边墙混凝土浇筑标高。

图1.58 设置U形定位钢筋

② 改变止水带安装方案，可采用定型钢模板做端头模，便于固定止水带在中间，见图1.59。

图1.59 固定止水带于中间

③ 现场检查、验收，及时纠正止水带偏位。

7. 二衬端头止水带被切断（图1.60）

（1）现象：二衬端头随意切断仰拱纵向中埋式止水带，使其失去止水功能。

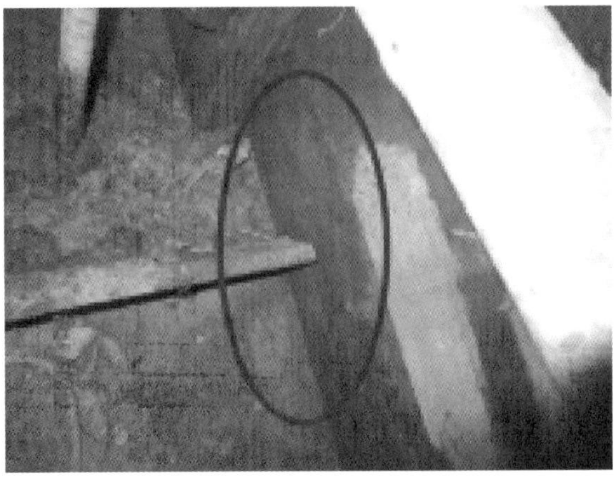

图 1.60　止水带被随意切断

（2）原因分析：

① 技术交底培训不到位，作业标准落实不到位。

② 衬砌模板封头板采用木模、未开槽。

③ 现场旁站、跟班作业不到位。

（3）防治措施：

① 对作业人员进行培训，使其熟练掌握作业标准。

② 改进衬砌封头模板，开槽预留止水带位置。

③ 做好现场旁站及指导工作。

8. 仰拱拱墙施工缝施工不规范（图 1.61）

（1）现象：仰拱边墙施工缝止水带施工不规范，存在施工缝渗水现象。

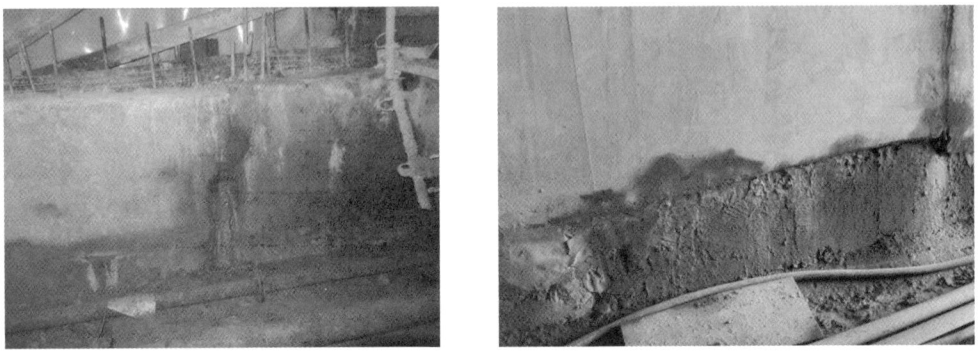

图 1.61　施工缝渗水

（2）原因分析：

① 纵向止水带未偏位，施工缝渗水。

② 纵向、环向盲管被堵塞或防水板破损，导致排水不畅。

③ 混凝土缝凿未凿毛或振捣不密实。

（3）防治措施：

① 对作业人员进行技术交底培训，严格落实止水带、排水盲管及防水板安装标准。

② 强化隐蔽工程的检查、验收，落实跟班作业、跟踪管理责任。

9. 盲管接入侧沟不规范（图 1.62）

（1）现象：二衬泄水孔用比较小的管子接到侧沟，且接头未封闭处理，盲管水不能正常排到侧沟内。

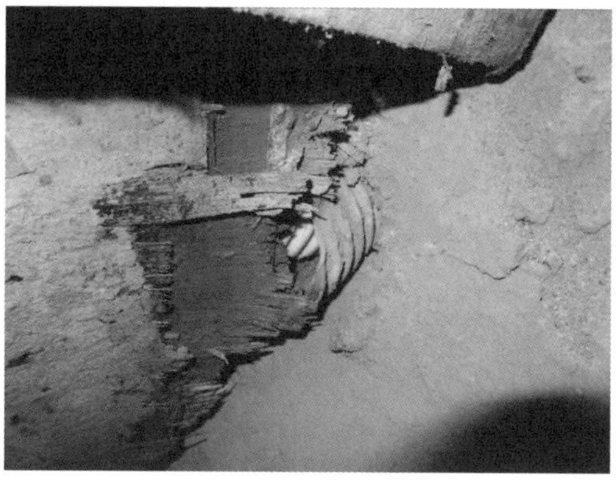

图 1.62　泄水孔管径、连接不符合设计要求

（2）原因分析：

① 技术交底、作业标准培训不到位。

② 现场检查、验收不到位。

（3）防治措施：

① 强化技术交底、作业标准培训，要求采用同型号的盲管连接密实，无缝隙，并采用土工布进行包裹，确保衬砌泄水孔排水通畅，顺利排至侧沟。

② 强化隐蔽工程的检查、验收，落实跟班作业、跟踪管理责任。

10. 隧道积水、抽排不及时（图 1.63）

（1）现象：上台阶施工左边墙临时排水沟未疏通，积水较多，浸泡拱脚基岩；仰拱初支面积水，浸泡软化仰拱基底。

图 1.63　隧道排水不畅，浸泡仰拱基底

（2）原因分析：

① 临时排水沟未设置或堵塞未疏通。

② 仰拱端头未设置集水坑或集水坑抽排不及时。

③ 隧道反坡中心水沟积水回流。

（3）防治措施：

① 隧道积水及时设置临时排水沟，引流到积水坑集中抽排。

② 隧道反坡施工在中心设置积水部位，集中抽排，防止积水回流仰拱作业面。

③ 现场配齐排水设施配备，专人负责盯控，及时抽排。

11. 隧道衬砌渗水

（1）现象：隧道施工缝处存在渗水，特别是雨季期间渗水严重，影响行车安全。

（2）原因分析：

① 设计对水文地质调查不全面，图纸设计不到位。

② 隧道施工揭示的溶洞、干溶腔等地段因施工时无水就按无水进行简单封堵回填，未对溶洞和溶腔及地表的水文情况进行彻底调查和预判，未采取有效防排水措施。

③ 隧道设计中地质钻孔较少，工程及水文地质资料不足，对隧道通过的断层带、破碎带的位置判断不准，缺乏针对性加强设计。

④ 施工过程中质量控制不到位。

a. 防水板因施工工艺和防水板自重等原因很难达到与围岩密贴的要求，致使隧道二衬背后存在过水条件。

b. 防水板漏焊、脱焊、破损等问题，为隧道衬砌渗漏水埋下隐患。

c. 喷射混凝土表面刺物未清理导致防水板穿孔，失去防水作用。

d. 二次衬砌浇注时排水盲管被挤压变形，管口堵塞物未清理就进行水沟电缆沟施工，矿物质沉淀结晶致使管路堵塞水流不畅，形成高水压。

e. 二衬中埋式止水带钢筋卡具数量不足且间距过大，致使中埋式止水带不居中或倒伏，起不到止水作用。

f. 衬砌混凝土浇筑过程中漏振或混凝土浇筑时间隔时间过长，导致混凝土不密实或形成施工冷缝，不能达到抗渗等级要求。

（3）防治措施：

① 设计单位要开展水文地质调查，彻底弄清沿线洞内外水文地质条件和相互关系，采取针对性防排水措施。

② 对地表水丰富的浅埋隧道，当地表沟谷坑洼积水、渗水对隧道有影响时，采用疏导地表积水、铺砌或填平沟谷、砌沟截排等措施，及时引排地表积水，尽量避免将地表水引入线路附近落水洞。

③ 对涌水量较大的隧道，要研究增设排水管路措施，当仅靠隧道内排水沟不能引排洞内渗涌水时，应充分利用平行导洞或增设泄水洞排水。加强铁路沿线汇水区及排水量

调查，加大路基侧、天沟、截水沟排水能力。

④强化过程控制、严格隧道防排水施工工艺。

a. 隧道衬砌前初期支护喷射混凝土表面必须平整，防水板施工前必须对初支混凝土表面不平整处进行补喷或凿平，及时清理初支混凝土表面突出物，保证防水板与基面铺设密贴。

b. 严格土工布钉设，射钉头不得外露；防水板焊接必须采用双缝焊接，焊缝宽度不小于 15 mm，搭接宽度不小于 15 cm；防水板与固定垫圈采取电磁焊焊接，掌握好焊接参数，防止焊穿防水板；钢筋施工应妥善保护好防水板，防止刺破防水板。

c. 中埋式止水带在二衬及仰拱端头必须使用定型钢模板固定居中埋设，钢筋卡具间距不得大于 30 cm，背贴式止水带必须与防水板黏结牢固。

d. 初期支护后初支表面明流较大时，在缓冲层土工布铺设前，沿着初支面明水流动轨迹安装半圆引水管，引水管一端通至明流源头处，一端引至矮边墙顶面，并在矮边墙顶面沿隧道走向布设一纵向半圆管承接引出的明流（图 1.64），通过在钢边止水带上钻孔，导引出明流汇集至中心水沟。

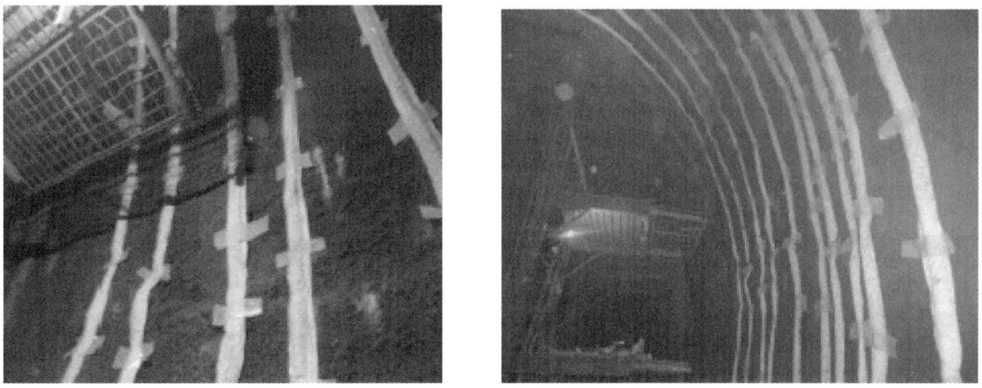

图 1.64　采用半圆管引排明流

e. 加强施工缝模板封堵，防止漏浆造成施工缝空响、夹块。

f. 加强二衬混凝土施工质量控制和施工组织，保证混凝土浇筑的连续性，加强混凝土逐窗浇筑与分层振捣，确保二衬混凝土浇筑密实。

12. 过轨钢管不符合要求（图 1.65）

（1）现象：过轨钢管弯曲段采用多节焊接制作，存在焊缝毛刺刮伤电缆及穿线困难隐患。

（2）原因分析：技术交底不清楚，弯管工艺不成熟。

（3）防治措施：

① 过轨钢管采用工厂化加工，尽量减少接头，接头设置在直线段，弯弧部位采用设备弯制。

② 加工完成后必须将管口打磨光滑，接头处另配便捷设备进行连接，并做好防腐措施。

图 1.65　过轨管弯曲工艺不符合要求，存在毛刺

第 2 章　路基工程

路基作为高速铁路工程主体结构，对运营安全具有很重要作用，在建设过程中若不重视质量管控，就会出现路基下沉等病害，直接危及行车安全。本章主要收集了地基处理、路基填筑、过渡段填筑、边坡防护支挡工程、防排水等方面突出的质量问题，简要分析了问题产生的原因、提出了防控措施。

2.1　软基处理

1. CFG 桩基桩头未环切，深入桩毛长度不足（图 2.1）

（1）现象：CFG 桩头损坏，桩顶不平，锚入承台高度不够。

图 2.1　CFG 桩头质量不达标

（2）原因分析：

① 技术交底不清楚，作业标准培训不到位。

② 现场检查、旁站不到位。

（3）防治措施：

① 强化技术交底培训，在桩上弹标高控制线。破桩至设计标高以上 100 mm，再由人工修至设计标高。

② 强化现场检查、旁站作业，对于桩头混凝土不合格的，可将桩周降低做成凹槽加深桩帽。

2. 基底标高不符合要求（图 2.2）

（1）现象：基槽（坑）底标高不符合设计规定值，造成浅基础埋置深度不足或超挖。

（2）原因分析：

① 测量放线错误，造成基底标高不足或过深。

② 选用的施工机械和施工方法不当，造成超挖。

图 2.2　基槽(坑)底标高不符合设计规定值

（3）防治措施：

① 当发现控制桩或标志板有被碰撞和移动迹象时，应复查校正，防止标高出现过大误差。

② 防止超挖。采用机械开挖基槽（坑）时，可在基底标高以上预留一层土用人工清理，其厚度应根据施工机械确定。

2.2　路基填筑

1. 路基填筑填料不合格（图 2.3）

（1）现象：路基填料级配不良，填料粒径超标，实测一处最大为 32 cm，不符合设计（小于 15 cm）要求，粒径超标。

图 2.3　填料级配不良

（2）原因分析：

① 片石未经破碎或破碎未过筛筛选，直接用于路基填筑。

② 填料采用现场拌和，未采取厂内集中拌和，拌和不均。

③ 现场检查、跟班作业不到位，未对填筑材料进行验收把关，管理失职。

（3）防治措施：

① 路基填料（片石或砂砾石）经破碎机破碎，粒径满足要求。

② 填料拌和采用厂内集中拌和，级配均匀，经验收合格后方可用于路基填筑。

2. 桥路过渡段填筑宽度不足（图 2.4）

（1）现象：桥台过渡段填筑局部段落宽度不足。

图 2.4　桥台过渡段填筑局部段落宽度不足

（2）原因分析：

① 测量放样错误，填筑边线定位不准。

② 填筑过程中机械收坡幅度大。

③ 现场检查、验收不到位。

（3）防治措施：

① 严格落实测量复核制度，填筑边线定位准确，设计边坡线超宽填筑。

② 机械修坡必须进行测量复核，划出修坡边界，专人指挥，挂线收坡。

③ 强化现场检查、逐层验收，控制填筑质量。

3. 路基涵洞过渡段填筑不规范（图 2.5）

（1）现象：涵洞两侧未按要求对称填筑，便道设置在过渡段位置导致填筑宽度不足，留有纵向接缝。

（2）原因分析：

① 现场施工组织不到位，涵洞过渡段未严格对称填筑。

② 路基便道长度不足，占用路基本体。

（3）防治措施：

① 严格落实技术交底要求，结构物对称填筑。

② 填筑路基做好便道规划，防止占用路基本体，对纵向使用缝开挖台阶后分层填筑、压实，压实度满足要求。

图 2.5　涵洞两侧未按要求对称填筑，便道设置在过渡段位置导致纵向接缝

4. 路基填筑超厚度（图 2.6）

（1）现象：路基填筑虚铺厚度超标，实测一处虚铺厚度达 61 cm，不符合工艺试验参数（虚铺厚度 35 cm）要求。

图 2.6　松铺厚度超标

（2）原因分析：

① 过程控制不严格，未按要求进行挂线（打网格）控制虚铺厚度。

② 现场盲目追求填筑进度，忽视填筑质量。

③ 现场跟班作业不到位，管理失职。

（3）防治措施：

① 加强填筑过程控制，严格按照先挂线（打网格），然后进行路基填筑的顺序作业。

② 做好现场填筑跟班作业，及时纠正违规作业。

5. 路基沉降观测不到位（图 2.7）

（1）现象：路基沉降观测桩及保护套筒破坏。

图 2.7　路基沉降观测桩及保护套筒破坏

（2）原因分析：

① 沉降观测桩未设置标识牌，未划分保护区域。

② 路基填筑过程中未设专人指挥，压路机司机视线存在局限，造成观测桩被破坏。

（3）防治措施：

① 在沉降观测桩附近划分保护区域，设立标牌或制作钢筋笼（四边长 50 cm）套住观测桩。

② 路基填筑由专人指挥碾压作业，沉降观测桩附近采用人工夯机夯实。

6. 路基积水（图 2.8）

（1）现象：路基未设置临时排水沟，路面积水，路基侧沟开挖施工，施工完后未及时进行回填，也无临时排水措施，积水浸泡路基。

图 2.8　积水浸泡路基

（2）原因分析：

① 路基临时排水沟设置时未系统规划。

② 临时排水沟在施工过程中填塞、未疏通，造成路面积水，积水浸泡路基。

（3）防治措施：

① 对路基临时排水沟进行系统规划，确保排水通畅。

② 路基填筑导致临时排水堵塞，及时疏通排水沟，跨越便道位置预埋临时管涵，保证排水顺畅。

2.3 路堑开挖

路堑边坡开挖存在坍塌隐患（图 2.9）。

（1）现象：路基开挖施工段落较长，边坡部分段落已出现溜坍现象。

图 2.9 路基开挖施工段落较长，出现溜坍现象

（2）原因分析：

① 平台截排水沟未及时施作，平台积水较多浸泡边坡。

② 现场未逐层开挖，掏槽开挖导致边坡失稳。

（3）防治措施：

① 开挖平台及时施作临时排水沟，雨季要用塑料布覆盖边坡，防止雨水长期浸泡边坡。

② 路基边坡开挖严禁掏槽开挖，边坡开挖不能一次性挖到设计位置，后期集中修坡。

2.4 路基防护

1. 路堑防护不及时（图 2.10）

（1）现象：路堑高边坡未按设计要求分级开挖、分级防护，未按设计工序、要求施工坡脚预加固桩（连续开挖）。

图 2.10 路堑高边坡未按设计要求分级开挖、分级防护

（2）原因分析：

① 施工组织或劳务分包管理不到位，未落实边坡逐级开挖、逐级防护要求。

② 施工工期紧，现场采用了连续开挖。

（3）防治措施：

① 现场统筹计划施工交叉作业，做好劳务作业分包管理。

② 对已经开挖的边坡做好位移监测，加快防护工程施工进度。

2. 锚杆框架梁基槽开挖尺寸不规范（图 2.11）

（1）现象：锚杆框架梁设计宽度为 40 cm，现场基槽开挖宽度过大，实测一处达 90 cm。锚杆框架梁骨架护坡的钢筋无保护层，框架梁浮在坡面上，嵌入岩面深度不满足设计要求。

图 2.11 锚杆框架梁施工不规范

（2）原因分析：

① 地质为细砾土、卵石土、强风化岩层等，采用机械开槽，开挖宽度过大或现场未挂线开挖，最后人工修槽为保证线形导致部分开槽过大。

② 现场开槽深度不足或基底清理不彻底，钢筋直接搁置基岩上。

③ 现场检查、验收把关不严。

（3）防治措施：

① 坡面修整完毕后，挂线开槽，开槽尺寸及验收标准交底清楚。

② 边坡开槽一段施工一段，土质边坡做好截排水措施。

③ 强化现场的检查、跟班作业，做好过程控制。

3. 框架梁锚杆安装不规范（图 2.12）

（1）现象：锚杆注浆不饱满，部分锚杆不在钢筋骨架节点上，个别甚至在钢筋骨架外，不符合设计要求。

图 2.12　锚杆注浆不饱满，骨架节点不居中

（2）原因分析：

① 补浆不到位，孔口位置补浆不足、补浆次数不足。

② 锚杆施工放样错误，锚杆间距不满足设计要求。

③ 现场检查、验收不到位。

（3）防治措施：

① 锚杆注浆液按照配合比调制，注浆次数和饱满度符合设计要求。

② 严格按照锚杆及框架梁的平面布置图测量放样，强化测量复核。

③ 加强现场的检查、跟班作业，做好过程控制。

4. 锚杆框架梁混凝土质量差（图 2.13）

（1）现象：堵模板的木屑和石块局部侵入框架梁体，框架梁混凝土捣固不密实。

（2）原因分析：

① 技术交底不清楚或作业标准培训不到位。

② 模板使用周期较长、周转次数较多，模板强度和刚度不足。

③ 框架梁位于斜坡上，坡度较大，振捣过程中混凝土浆液流失或未进行振捣，混凝土表面有蜂窝麻面、外观质量差。

④ 现场质量把关不严，检查、验收不到位。

图 2.13　框架梁体混凝土施工质量缺陷

（3）防治措施：

① 对现场作业人员进行技术交底和作业标准培训。

② 对强度、刚度不足，变形、破损的模板及方木进行更换。

③ 采用振捣棒与人工敲击模板相结合的方式振捣混凝土，确保混凝土密实。

④ 加强现场的检查、跟班作业，做好过程控制。对于框架梁含有片石、大面积集料，结构尺寸不足的进行凿除返工处理。

5. 电缆槽泄水孔设置不规范（图 2.14）

（1）现象：电缆槽泄水孔设置位置部分高出槽底，不利排水；路堑挡墙个别泄水孔堵塞，未及时清理。

图 2.14　泄水孔设置不符合设计要求

（2）原因分析：

① 施工中技术管理人员验收不严谨，导致泄水孔高出槽底。

② 设置泄水孔时进水口土工布包裹不严实导致堵塞。

（3）防治措施：

① 技术管理人员加强施工过程验收，严格要求作业人员按照图纸施工泄水孔。

② 及时组织人员对泄水孔进行疏通，后期对泄水孔加强验收。

6. 路基水沟沉降缝设置不规范（图 2.15）

（1）现象：水沟墙个别沉降缝未对齐，未按设计要求设置沉降缝，局部出现裂纹。

图 2.15　水沟墙个别沉降缝未对齐，未按设计要求设置沉降缝

（2）原因分析：

① 现场工人未按照技术交底施工，现场技术管理人员检查不严谨。

② 现场工人未按照技术交底施工，现场技术管理人员未严格管控施工。

（3）防治措施：

① 技术人员及时安排工人对边沟底板与沟墙混凝土施工缝处进行凿毛处理。

② 技术人员组织工人按照设计要求每 10 ~ 20 m 切割一道沉降缝，并填充沥青麻筋。

7. 挡墙基础开挖与设计不符（图 2.16）

（1）现象：路堑重力式挡土墙地基底面开挖不到位，底面未形成反倾角。

图 2.16　路堑重力式挡土墙地基底面开挖不到位

（2）原因分析：

① 技术交底不清楚或现场执行不到位。

② 现场采用机械开挖后未采取人工整修反坡。

③ 现场管理人员履职不到位，未对挡土墙基坑斜面基底坡率进行检查、验收。

（3）防治措施：

① 技术交底清楚、责任到人。

② 挡墙开挖至距离基底 30 cm 处，采用人工修整基底，保证基底横坡。

③ 加强对基坑开挖过程中的指导、检查及成型后的验收工作。

8. 挡墙泄水孔布置不规范（图 2.17）

（1）现象：挡墙泄水孔孔径数量不足、位置不对，未按照梅花形布置。

图 2.17 挡墙泄水孔孔径数量、设置不符合设计

（2）原因分析：

① 技术交底不清楚，未显示泄水孔平面布置图，或作业人员未严格落实技术交底要求，随意安装。

② 现场验收、把关不严，管理失职。

（3）防治措施：

① 技术交底清楚，有泄水孔平面布置图，并对作业人员进行培训。

② 强化现场的验收，在挡墙关模浇筑混凝土前必须全面检查泄水孔设置情况，观察尺量尺寸、间距。

9. 挡土墙反滤层施工不规范（图 2.18）

（1）现象：挡土墙背部反滤层采用不渗水的塑胶袋装碎石作为反滤层，且挡墙混凝土已侵入反滤层，达不到滤水层作用，不符合设计要求。

图 2.18 反滤层不符合要求

（2）原因分析：

① 技术交底中对反滤层的设置不清楚。

② 挡墙施工支单面模板，和反滤层同时施工。

（3）防治措施：

① 采用透水编织袋装碎石铺设至挡墙背面，并用土工布包裹编织袋，起到与混凝土隔离的效果。

② 挡墙施工安装双面模板，浇筑完混凝土后再施工反滤层。

10. 路基防护栅栏基础不符合要求（图 2.19）

（1）现象：防护栅栏基础尺寸与设计不符，下部用弃渣（片石）回填，未按要求用混凝土灌注。

图 2.19 防护栅栏基础尺寸与设计不符，下部用弃渣（片石）回填

（2）原因分析：

① 技术交底不清楚，作业标准培训落实不到位。

② 现场偷工减料，防护栅栏基础均位于路基坡脚或路堑坡顶，施工难度较大，为加快施工进度，擅自减小基坑尺寸或回填片石。

③ 现场检查、验收基础未做到逐个验收。

（3）防治措施

① 对作业人员进行技术交底，熟练掌握作业标准。

② 强化现场的检查验收，做好过程控制。

③ 现场加大破检频次，对于基坑尺寸不足、回填片石的进行返工处理。

11. 路基电缆槽安装不规范（图 2.20）

（1）现象：电缆槽施工后与路基侧未按要求用混凝土回填，现场采用原填料回填，电缆槽安装未铺设水泥砂浆找平层，不符合设计要求。

（2）原因分析：

① 技术交底不清楚，作业标准培训不到位。

② 现场检查、验收不到位。

图 2.20 电缆槽施工后与路基侧未按要求用混凝土回填

（3）防治措施：

① 对作业人员进行技术交底，使其熟练掌握作业标准。

② 强化现场的检查、跟班作业，做好过程控制。

③ 对施工电缆槽与路基侧缝隙进行清理，采用混凝土进行填补。

第 3 章　桥涵工程

桥涵工程相对其他专业有关键环节多、工艺繁杂的特点，特别是深水、大跨、特殊结构桥梁，常采用一些新工艺、新技术、新设备、新材料等，更增加了质量控制的难度。本章从桩基、承台、现浇梁、涵洞等方面，列举了一些常见的问题，加以分析、提出防控措施。

3.1　桩基承台

1. 桩基钢筋笼上浮

（1）现象：灌注混凝土时，钢筋笼向上浮移。

（2）原因分析：

① 桩基钢筋笼固定不牢固，未与护筒有效连接。

② 混凝土灌注速度过快，混凝土的位能产生的顶托力越大，对钢筋的顶托作用越大。

③ 该种顶托力随灌注时混凝土位能的大小、灌注速度的快慢、首批混凝土的流动度、首批混凝土的表面标高大小而变化。

（3）防治措施：

① 钢筋骨架上端在孔口处与护筒相接固定。

② 灌注中，当混凝土表面接近钢筋笼底时，应放慢混凝土灌注速度，并应使导管保持较大埋深，使导管底口与钢筋笼底端间保持较大距离，以便减小对钢筋笼的冲击。

③ 混凝土液面进入钢筋笼一定深度后，应适当提导管，使钢筋笼在导管下口有一定埋深，但注意导管埋入混凝土表面应不小于 2 m。

2. 桩基夹泥或断桩

（1）现象：桩身混凝土层夹有泥浆或钻渣层，位于截面中。

（2）原因分析：

① 灌注水下混凝土时，混凝土的坍落度过小，集料级配不良，粗骨料颗粒太大，灌注前或灌注中混凝土发生离析；或导管进水等使桩身混凝土产生中断。

② 在灌注过程中，导管发生堵塞又未能处理好，或在灌注过程中发生导管卡挂钢筋笼、埋导管、严重坍孔等现象，而处理不良时，都会演变为桩身严重夹泥，混凝土桩身中断的严重事故。

③ 清孔不彻底或灌注时间过长，首批混凝土已初凝，而继续灌注的混凝土冲破顶层，

或导管进水，一般性灌注混凝土中坍孔，均会在两层混凝土中产生部分夹有渣土的截面。

（3）防治措施：

① 断桩或夹泥发生在桩顶部时，可将其剔除，除渣后进行接桩处理。

② 对桩身用地质钻机钻芯取样，表明有蜂窝、松散、裹浆等情况（取芯率小于 40%时）；桩身混凝土有局部混凝土松散或夹泥、局部断桩时，应采用压浆补强的方法处理。

③ 对于严重夹泥、断桩的，要进行返工处理。

3. 桩基偏位（图 3.1）

（1）现象：桩基钢筋笼偏位、定位不牢靠，桩头一侧主钢筋无混凝土保护层。桩基部分 ϕ20 钢筋净保护层厚度不足 2 cm。

图 3.1 桩基钢筋保护层厚度不符合要求

（2）原因分析：

① 桩基钻孔中由于地质原因桩头偏移导致钻孔倾斜或偏孔。

② 钢筋笼定位存在误差或固定不牢固。

③ 桩基混凝土灌注中钢筋笼偏位。

（3）防治措施：

① 施工过程中发现孔偏位时应及时修孔，钢筋笼不能强行安装。

② 钢筋笼应采取有效固定措施，防止混凝土灌注时上浮或移位。

③ 灌注桩基混凝土保持导管居中，控制灌注速度。

4. 桩基灌注高度不足（图 3.2）

（1）现象：桩头灌注高度不足，凿桩漏出混凝土粗骨料后桩头深入承台长度不足。

（2）原因分析：

① 混凝土灌注后期，灌注混凝土产生的超压力减小，此时导管埋深较小。这是由于探测时，仪器不精确，或将过稠的浆渣、坍落土层误判为混凝土表面。

② 测锤及吊索不标准，手感不明显，未沉至混凝土表面，误判已到要求标高，造成过早拔出导管，终止灌注。

图 3.2 桩头深入承台长度不足

③ 在灌混凝土过程中，有一层混凝土从开始灌注到灌注完成，一直与水或泥浆接触，不仅受侵蚀，还难免有泥浆、钻渣等杂物混入，质量较差，必须在灌注后凿去。因此，对计算灌注桩的桩顶标高时，未在桩顶设计标高值上增加超灌的预留高度。实际凿除后，桩顶低于设计标高。

（3）防治措施：

① 尽量采用准确的水下混凝土表面测探仪，提高判断的精确度。

② 对于水下灌注的柱身混凝土，为防止剔桩头造成桩头短浇事故，必须在设计桩顶标高之上，增加超灌注高度：低限值用于泥浆比重小的、灌注过程正常的桩，高限值用于发生过堵管、坍孔等灌注不顺的桩。

③ 桩基灌注高度不足开挖后做接桩处理。

5. 桩基桩头切割不规范（图 3.3）

（1）现象：桩头钢筋被截断，机械凿除桩头混凝土，破坏了桩头的完整性，造成桩头破损。

图 3.3 桩头钢筋被截断，机械凿除桩头混凝土，破坏了桩头的完整性

（2）原因分析：

① 基坑开挖未避开桩头位置，将桩头钢筋损坏。

② 桩头凿除采用机械（破碎锤）凿除，进一步加剧了钢筋损坏。

③ 技术交底不清楚（桩头破除未采用环切）或现场执行不到位，随意施工。

（3）防治措施：

① 基坑开挖进行技术交底，标明桩头的位置和深度，减小机械对桩头的扰动。

② 桩头凿除前进行高程测量，做好划线标识进行环切，划线线上部分采用风枪凿除，接近划线的地方时，桩身混凝土应由外向内凿除。

③ 需要暂时对钢筋进行弯曲时，应采用钢筋扳手进行弯曲。

④ 桩头凿除完后，应对弯曲的钢筋进行调直处理。

6. 基坑开挖不规范、失稳（图 3.4）

（1）现象：基坑边坡未按设计坡率施作或作边坡加固处理，造成部分边坡坍塌。

图 3.4　基坑边挖未按设计坡率施作或边坡加固

（2）原因分析：

① 基坑开挖未按规定放坡，致使边坡失去稳定而造成塌方。

② 在基坑两侧堆放大量土方或施工便道距离基坑过近，在重力或者外力影响下使坡体内剪应力增大，土体失去稳定而塌方。

③ 在挖方时由于操作方法不当出现掏空现象，使土体失去稳定。

（3）防治措施：

① 开挖深度在 3 m 以上时，应作稳定验算，然后确定坡度值，宜在适当的深度增设平台。

② 开挖深度在 4 m 以上且施工周期较长时，宜作坡面铺砌，如用薄膜覆盖、钢丝网水泥砂浆抹面或土袋堆砌坡脚。

③ 机械挖方时，应根据不同土质，不同的坡度值，放出基坑边线，在挖方时要边挖边修坡，每次修坡深度不宜超过 1 m。

7. 承台顶凿毛不规范（图 3.5）

（1）现象：承台顶面与墩身施工缝表面采用拉毛代替凿毛，施工缝凿毛强度不够，造成局部表面混凝土松散。

（2）原因分析：

① 技术交底执行不到位，施工随意。

② 混凝土强度未达到要求即进行凿毛，对混凝土初凝造成破坏，存在偷工行为。

（3）防治措施：

① 对作业人员进行技术交底的培训，严格落实交底要求。

② 人工凿毛混凝土强度不低于 2.5 MPa，机械凿毛混凝土强度不低于 10 MPa。露出新鲜混凝土面积不低于总面积的 75%。

图 3.5　承台顶面与墩身施工缝表面采用拉毛代替凿毛

8. 承台回填不规范（图 3.6）

（1）现象：明挖基础承台基坑现场采用弃渣回填承台，与设计不符。基坑内有积水，未分层夯实。

图 3.6　采用弃渣回填承台基坑

（2）原因分析：

① 技术交底不清楚或执行不到位，施工随意。

② 现场承台回填施工组织不力。

（3）防治措施：

① 对现场技术交底清楚，及时组织承台基坑回填施工。

② 对于深基坑，回填到承台顶面，做好截排水措施，防止积水浸泡。

9. 承台埋深不足（图 3.7）

（1）现象：桩基施工破坏了原地貌，导致承台埋深不足。

（2）原因分析：

① 前期勘测存在误差，原地貌高程与实际不符。

② 施工便道修筑破坏了原地貌，降低了原地貌位置。

图 3.7　承台埋深不足

（3）防治措施：

① 土建单位进场及时对原地貌进行复测，如与设计偏差较大应及时进行变更。

② 规划施工便道，减少对原地貌（承台红线范围）的破坏，不得降低原地貌高程。

③ 对外露承台施工期间用浆砌片石进行防护，应按原山坡地形恢复原地貌，保证承台埋入地面以下，松土按规定分层填筑，做好截排水措施。

3.2 墩　台

1. 墩身钢筋间距不均（图 3.8）

（1）现象：墩身钢筋间距控制不均，实测最大间距为 25 cm，最小间距为 13 cm，墩身钢筋骨架局部保护层厚度达 22 cm。

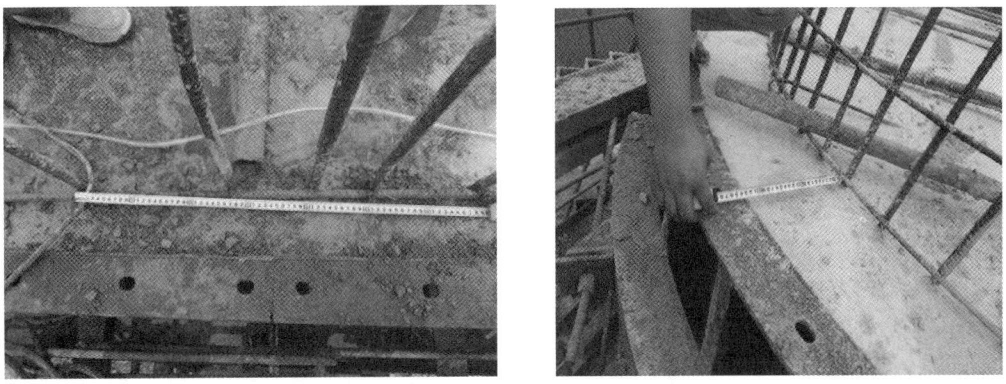

图 3.8　墩身钢筋间距不均

（2）原因分析：

① 钢筋绑扎不牢或混凝土在浇筑中碰撞钢筋。

② 钢筋结构尺寸不满足设计要求或钢筋骨架偏向一侧，未校正。

（3）防治措施：

① 钢筋绑扎牢固，混凝土面以上绑扎 2 ~ 3 道水平筋固定主筋间距。

② 做好墩身钢筋结构尺寸交底，结构尺寸不满足设计要求的返工处理。

2. 钢筋接头在同一断面上（图 3.9）

（1）现象：墩身内侧预留钢筋接头在同一截面上。

图 3.9　墩身预留钢筋不符合规范

（2）原因分析：

① 钢筋下料未分类或配料错误。

② 安装过程中接头未错开安装。

（3）防治措施：

① 做好技术交底，下料时按钢筋分号下料，注意每组钢筋的合理搭配。

② 墩身预埋钢筋主筋安装接头在同一截面上的超过 50%。

3. 墩身钢筋搭接不规范（图 3.10）

（1）现象：墩身钢筋搭接焊，其轴线不在同一直线上（未预弯），且焊缝不饱满。

图 3.10　墩身钢筋搭接焊不同轴

（2）原因分析：

① 搭接焊钢筋接头未打折，出厂前未逐个检查。

② 施工中对不同轴钢筋接头未进行调整，焊接随意，焊工不熟练。

（3）防治措施：

① 搭接焊的钢筋接头应按规范打折，逐个检查。

② 强化人员作业标准培训，提高其焊接技能。

4. 墩身套筒连接不规范（图 3.11）

（1）现象：外层钢筋用螺纹套筒连接的，连接套筒外的单边有效螺纹超过 5 扣。

图 3.11　外层钢筋螺纹套筒连接不合格

（2）原因分析：

① 钢筋端头不平整且与中心线不垂直。

② 有效螺丝长度过长、加工好的丝头未进行逐个检查。

③ 加工好的丝扣未进行保护，被泥土污染、锈蚀、变形。

④ 上下钢筋接头未位于套筒中部，偏向一侧。

（3）防治措施：

① 钢筋应采用砂轮切断机切割，端面应平整且与钢筋中心线垂直。

② 应根据所加工钢筋的直径，调换与加工直径相适应的滚丝轮。在调换滚丝轮的同时，调换与滚丝轮螺距相适宜的垫圈，确保滚丝轮与加工直径相适应。对于加工好的丝头应采用通环规和止环规逐个检查，不合格的丝头应切去重新加工。

③ 检验合格的丝头应在其端头加塑料保护帽保护，防止装卸时损坏，并按规格分类堆放整齐。

④ 直螺纹套筒的连接，应用管钳或力矩扳手进行施工。经拧紧后的接头采用带显示器的力矩扳手进行检测并做出标记。钢筋接头应位于直螺纹套筒中间部位，不得偏向一端，丝扣允许外露 1～2 扣。

5. 墩身支架不规范（图 3.12）

（1）现象：脚手架外侧未设置剪刀撑，墩脚手架部分立杆基础悬空。

（2）原因分析：

① 未按照要求在脚手架外侧设置剪刀撑。

② 未进行脚手架场地规划。

③ 脚手架搭设后验收不到位，未及时提出并要求整改。

图 3.12　脚手架未设置剪刀撑，立杆悬空

（3）防治措施：

① 做好安全教育培训及技术交底工作，严格按照技术要求施作剪刀撑。

② 施工前做好场地规划。

③ 现场管理人员加强巡查力度，发现安全隐患及时采取有效的措施。

6. 墩身作业平台不规范（图 3.13）

（1）现象：墩脚手架脚手板未满铺、端头虚搭，脚手架作业平台脚手板未满铺，大量短钢筋堆码在作业平台上，易掉落伤人。

图 3.13　脚手架平台未满铺，堆积大量杂物

（2）原因分析：

① 安全技术交底不到位，作业人员培训不到位。

② 管理人员监管不到位，未及时发现并提出整改。

（3）防治措施：

① 加强对作业人员的安全技术交底和教育培训，提升其安全意识。

② 做好安全防护措施的日常检查工作，发现问题立即采取整改措施。

7. 墩身模板加固不到位（图3.14）

（1）现象：墩身施工模板拉杆采用钢筋端头点焊固定代替，未按规定使用拉杆，模板安装部分连接螺栓数量不足，拉结螺栓（拉杆）螺帽只有一个，未设置铆栓销钉。

图3.14　模板拉杆设置不规范

（2）原因分析：

① 模板加固技术交底培训不到位，作业人员安全意识淡薄。

② 模板配套拉杆、螺帽等不到位。

③ 现场管理人员检查、验收不到位。

（3）防治措施：

① 强化技术交底的培训落实，对作业人员进行安全警示教育。

② 现场配齐拉杆、螺帽等部件，严格按照模板出厂检算书安装。

③ 对墩台身模板安装强化检查、验收，验收不合格不得进行下道工序。

8. 墩身混凝土凿毛不规范（图3.15）

（1）现象：墩身施工缝凿毛混凝土强度不够。

图3.15　墩身施工缝凿毛混凝土强度不够

（2）原因分析：

① 技术交底不清楚，作业人员培训不到位。

② 混凝土强度检测不及时，监管不到位。

（3）防治措施：

① 技术交底清楚，责任落实到人。

② 及时对强度进行检测，待强度合格后进行凿毛处理。

9. 墩身混凝土不密实（图 3.16）

（1）现象：墩身模板找平砂浆侵入墩身混凝土，存在“烂根”现象；墩台身表面有蜂窝、孔洞。墩身与承台相交处墩身周围呈深 10 cm、高 7 cm 的空洞。

图 3.16 墩身“烂根”现象

（2）原因分析：

① 承台顶面平整度控制不严，安装模板时造成承台与模板底面间隙过大。

② 模板拼缝不严密，接缝处止浆效果较差，未对模板较大接缝处采取有效的止浆措施。

③ 在混凝土浇筑过程中，作业人员振捣不到位。

（3）防治措施：

① 模板表面应整洁、光滑，不得有硬的泥浆等杂物，模板拼缝要严密。

② 严格控制水灰比、水胶比，搅拌混凝土时投料要准确，搅拌要均匀。

③ 混凝土振捣应精心操作，振捣要密实，不漏振。

④ 制订墩身烂根专项整治方案，并重新进行技术交底。

10. 墩身表面不合格（图 3.17）

（1）现象：墩身表面存在砂面，混凝土表面有裂纹。

（2）原因分析：

① 模板表面粗糙或黏附水泥浆渣等杂物未清理干净，拆模时混凝土表面被破坏。

② 模板未浇水湿润或湿润不够，构件表面混凝土的水分被吸去，养护不到位。

③ 模板隔离剂涂刷不匀，或局部漏刷或失效，混凝土表面与模板黏结造成麻面。

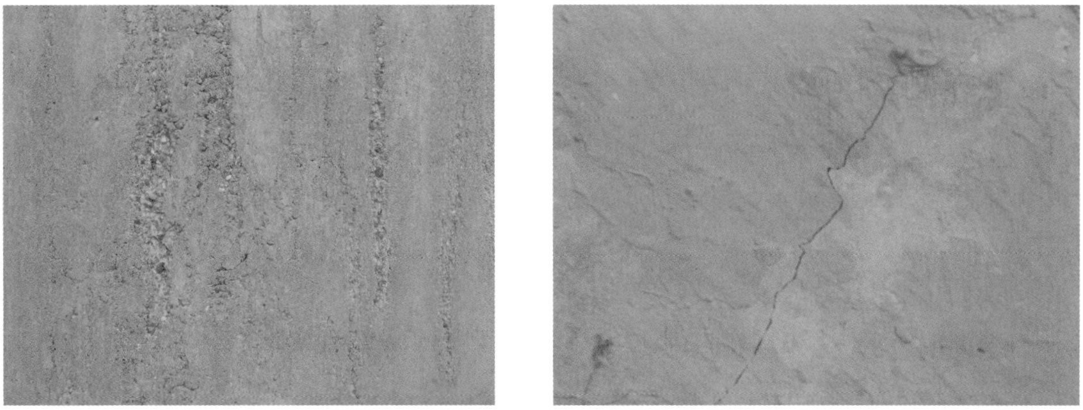

图 3.17 墩身表面砂面、裂纹

④ 混凝土搅拌时间不够，未拌和均匀，混凝土坍落度太大或和易性太差，有泌水现象，振捣不密实。

⑤ 下料不当或下料过高，未设串筒使石子集中，造成石子砂浆离析。

（3）防治措施：

① 调整骨料的级配，使之趋于合理，保证混凝土的工作性能。

② 混凝土搅拌时投料要准确，搅拌要均匀。

③ 模板表面应干净、光滑。

④ 混凝土浇筑后，拆模的时间不宜过早，应达到设计和规范规定的拆模强度后再拆模。

⑤ 拆模后养护要及时，必要时应采取薄膜覆盖养护。

11. 墩身偏压（图 3.18）

（1）现象：隧道弃渣对墩身形成偏压。

图 3.18 墩身偏压

（2）原因分析：

① 桥墩紧临隧道洞口，隧道边仰坡土石直接弃桥墩旁。

② 现场交底不清楚，检查不到位。

（3）防治措施：

① 做好土石调配规划，严禁弃渣对桥墩产生偏压。

② 弃渣交底清楚，及时将弃渣移除卸压。

12. 垫石厚度控制不到位（图 3.19）

（1）墩身顶面高程存在误差导致垫石厚度与设计不符。

图 3.19 垫石厚度误差

（2）原因分析：

① 高程控制点保护不到位，存在测量误差。

② 墩身浇筑现场混凝土面未标识，混凝土面控制不到位。

（3）防治措施：

① 严格落实测量复核制度，对控制点定期进行复核，提高测量精度。

② 现场做好墩顶混凝土面的标记，控制好标高，对于垫石高程不足的严禁采用贴补法，应返工处理。

13. 墩身位于山坳处，存在安全隐患（图 3.20）

（1）现象：墩身左侧边坡顶设计无排水措施，雨水直接冲刷坡面，影响铁路运营安全。

图 3.20 排水措施不足

（2）原因分析：

① 桥墩边坡防护措施设计不到位。

② 桥墩施工对破坏边坡，未及时恢复，防护不及时，截排水沟修筑不及时。

（3）防治措施：

① 对位于山坳处的桥墩边坡防护进行变更设计。

② 对桥墩边坡进行加固处理和修建永久排水沟，施工时做好截排水措施，修建临时排水沟，做好积水的引排，防止其冲刷边坡。

3.3 混凝土现浇梁

1. 支架现浇梁模板缺陷

（1）现象：支架变形，梁底不平，拼缝漏浆，接缝错位，梁的线形不顺直，混凝土表面粗糙，封头板不垂直，箱梁内倒角陷入混凝土内，箱梁腹板与翼缘板接缝不整齐。

（2）原因分析：

① 支架设置在不稳定的地基上。

② 支架不均匀沉降、梁底模板铺设不平整、不密实、底模与格栅铺设不密贴，梁底模板抛高值控制不当。

③ 梁侧模的纵、横围檩刚度不够，未按侧模的受力状况合理布置对拉螺栓。

④ 制模配制不当，模板拼缝不严密，缝隙嵌缝处理不当。

（3）防治措施：

① 支架应设置在经过加固处理的具有足够强度的地基上，地基表面应平整，支架材料应有足够的刚度和强度，支架立杆下宜加垫槽钢或钢垫板，以增加立柱与地基的接触面。支架的布置应根据荷载状况进行设计，以保证混凝土浇筑后支架不下沉。

② 支架搭设应按荷载情况，根据支架搭设的技术规程进行合理的布置。

③ 在支架上铺设梁底模格栅要与支架梁密贴，底模要与格栅垫实，在底模铺设时要考虑抛高值，抛高值宜通过等荷载试验取得。

④ 梁侧模的纵横围檩要根据混凝土的侧压力进行合理的布置，并根据结构状况布置对拉螺栓。

⑤ 模板配制要严格按模板质量要求进行。

2. 悬臂现浇梁模板缺陷

（1）现象：施工挂篮底模与模板的配制不当造成施工操作困难，箱梁逐节变化的底板接缝不和顺，底模架变形，侧模接缝不平整，梁底高低不平，梁体纵轴向线形不顺。

（2）原因分析：

① 悬臂浇筑一般采用挂篮法施工，挂篮底模架的平面尺寸未能满足模板施工的要求。

② 底模架的设置未按箱梁断面渐变的特点采取措施，使梁底接缝不平、漏浆、梁底线形不顺。

③ 侧模的接缝不密贴，造成漏浆、墙面错缝不平。

④ 挂篮模板定位时，抛高值考虑不够，或挂篮前后吊带紧固受力不均。

⑤ 挂篮的模板未按桥梁纵轴线定位。

⑥ 挂篮底模架的纵横梁连接失稳，产生几何变形。

（3）防治措施：

① 底模架的平面尺寸，应满足模板安装时支撑和拆除以及浇筑混凝土时所需操作宽度。

② 底模架应考虑箱梁断面渐变和施工预拱度，在底模架的纵梁和横梁连接处设置活动钢绞，以便调节底模架，使梁底接缝和顺。

③ 在底模架下的平行纵梁以及平行横梁之间，为防止底模架几何尺寸变形，应用钢筋或型钢采取剪刀形布置牢固连接纵横梁，以防止底模架变形。

④ 挂篮就位后，在校正底模架时，必须预留混凝土浇筑时的抛高量（应经过对挂篮的等荷载试验取得），模板安装时应严格按测定位置核对标高，校正中线，模板和前一节段的混凝土面应平整密贴。

⑤ 挂篮就位后应将支点垫稳，收紧后吊带、固定后锚，再次测量梁端标高，在吊带收放时应均匀同步。吊带收紧后，应检查其受力是否均衡，否则就重新调整。

3. 挂篮吊杆安装不规范（图 3.21）

（1）现象：挂篮后锚杆仅 2 根锚在梁体上，另 2 根连接在挂篮走行轨横担上；个别后锚杆精轧螺纹钢筋安装明显倾斜，承受水平剪力，存在安全隐患。

图 3.21　精轧螺纹钢筋安装明显倾斜

（2）原因分析：

① 现浇段挂篮预留孔偏位。

② 未按照技术交底安装吊杆，安全意识淡薄，存在侥幸心理。

③ 现场管理人员过程检查不到位。

（3）防治措施：

① 挂篮安装严格按照模板图纸预留吊杆位置。

② 对作业人员进行技术交底培训，提高安全意识。

③ 现场管理人员在安装过程中加强检查以保证吊杆安装，加强挂篮安装时的检查验收工作。

4. 钢筋制作、安装不规范（图 3.22）

（1）现象：梁顶板部分钢筋预留长度不足，相邻接头在同一连接区段内。连续梁节段顶板部分带肋钢筋弯折达 180°，反复弯折对钢筋有损伤。

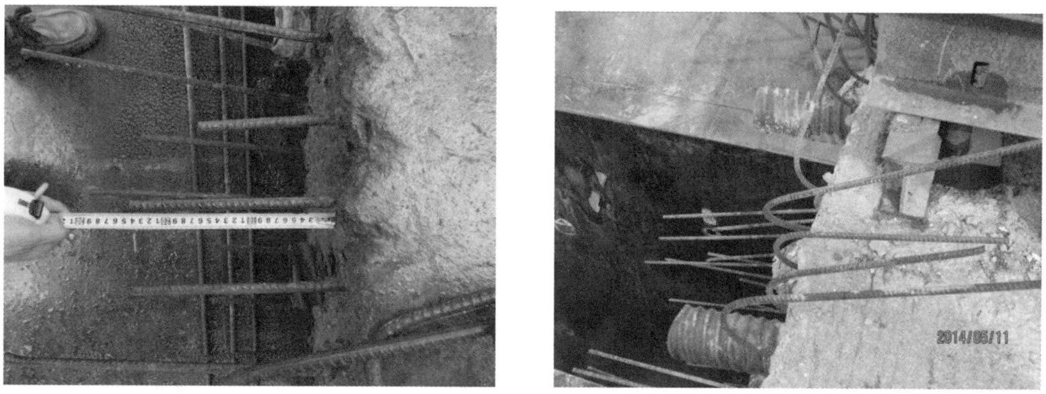

图 3.22 带肋钢筋弯折，对钢筋有损伤

（2）原因分析：

① 钢筋下料错误或配筋未进行接头错开。对接头所形成的弱强度断面的危害性意识不够。

② 梁面预留钢筋对下道工序（凿毛）存在一定的干扰。

（3）防治措施：

① 做好钢筋配料交底，接头同一连接区段错开长度满足验标标准。

② 受拉主钢筋焊接接头应避开最大应力断面。

③ 做好钢筋的成品保护，减少对梁顶预埋钢筋的损伤。

5. 钢筋不同轴（图 3.23）

（1）现象：钢筋焊接轴心不在同一直线上。

图 3.23 钢筋焊接不同轴

（2）原因分析：

① 搭接焊的钢筋接头未打折。

② 搭接焊的钢筋接头先焊好后再打折成 S 形。

③ 闪光对焊的接头有错位。

（3）防治措施：

① 搭接焊的钢筋接头焊前应打折。

② 闪光对焊的接头应对齐。

6. 梁体预埋件、钢筋不均（图 3.24）

（1）现象：连续梁上接触网基础预埋钢筋间距控制不均，竖墙钢筋扭曲。

图 3.24　预埋钢筋间距控制不均

（2）原因分析：

① 未严格落实技术交底，标准落实不到位，绑扎随意。

② 现场检查、验收不到位。

（3）预防措施：

① 对作业人员进行技术交底培训，增强质量意识。

② 强化现场检查、验收，验收合格后方可进行下道工序作业。

7. 预应力孔道堵塞（图 3.25）

（1）现象：预应力管道破损，波纹管堵塞。

图 3.25　预应力管道破损

（2）原因分析：

① 波纹管安装好后，在浇筑混凝土时，被振捣棒撞振破裂。

② 波纹管接头处套接不牢或有空洞。

③ 缓解钢筋时，电焊火花烧坏波纹管的管壁。

（3）防治措施：

① 波纹管安装前应仔细检查有无破损孔洞，不能使用变形或有孔洞的波纹管。

② 波纹管接头处应采用较宽的粘贴性能好的胶带进行接头封闭，防止漏浆堵塞孔道。

③ 在波纹管上方或附近进行电焊等其他作业时，应对波纹管进行遮盖保护，防止焊渣或利物击破波纹管。

8. 梁钢绞线保护不到位（图 3.26）

（1）现象：连续梁横向预应力钢绞线已明显锈蚀，防锈措施不到位。

图 3.26 钢绞线已锈蚀严重

（2）原因分析：

① 钢绞线存放没有采取防雨防潮措施。

② 钢绞线安装后长时间进行张拉，且未进行包裹处理。

（3）防治措施：

① 钢绞线应存放在室内，下垫上盖。

② 在梁体混凝土达到张拉强度后，钢绞线安装完毕后未进行张拉的采用透明胶带对钢绞线进行缠绕包裹。

9. 预应力筋张拉时出现异常情况

（1）现象：如锚垫板变形，梁的起拱不正常，千斤顶、油泵等声音异常，锚夹具滑出、千斤顶支架倾倒，等。

（2）原因分析：

① 锚垫板承压面与孔道中心线不垂直，锚具孔与锚垫板未对正，由于张拉力过大造成锚垫板变形。

② 千斤顶回油过猛，产生较大的冲击振动，造成滑丝。

③ 千斤顶或油泵出现故障，声音出现异常。

④ 预应力筋被拉断，出现异常声音和梁体起拱不正常。

⑤ 千斤顶支架不牢稳。

（3）防治措施：

① 锚垫板承压面与孔道不垂直时，应当在锚圈下垫薄钢板调整垂直度，将锚圈孔对正垫板并点焊，防止张拉时移动。

② 千斤顶给油、回油工序要缓慢平稳进行，要避免回油过猛。

③ 张拉操作要按规定进行，防止预应力筋受力超限发生拉断事故。

④ 油泵运转出现异常情况时，要立即停车检查。在有压情况下，不得随意拧动油泵或千斤顶各部位的按钮。

⑤ 在测量伸长及拧螺母时，要停止开动千斤顶。

⑥ 千斤顶支架必须与梁端垫板接触良好，位置正直对称，以防支架不稳或受力不均倾倒伤人。

⑦ 张拉或退楔时，千斤顶后面严禁站人，以防预应力筋拉断或锚具、楔块弹出伤人。

10. 锚具、夹具不合格

（1）现象：在预应力张拉时会发生滑丝、断丝，锚固质量无法保障。

（2）原因分析：

① 锚具钢本身存在裂纹、砂眼、夹杂等隐患或因热处理淬火、锻压等原因产生了裂缝源，在受到高应力的集中作用时裂缝发展为碎裂。

② 现场未对进场锚具、夹具进行检验。

（3）防治措施：

① 锚具、夹具须经过有资质的权威专业技术部门鉴定。进场前应由供方按规定进行检验，并提供质量证明书。

② 锚具、夹具进场时应分批进行外观检查，不得有裂纹、伤痕、锈蚀，尺寸不得超过允许偏差。

③ 对锚夹具的强度、硬度、锚固能力等，应根据供货数量和使用情况确定是否复检。

11. 预应力筋张拉时实际伸长值与理论计算伸长值相差未在±6%以内

（1）现象：一般情况是平弯、竖弯的长钢筋束其伸长值比计算值偏小，短钢筋束的伸长值比计算值偏大。

（2）原因分析：

① 实际使用预应力筋弹性模量和截面积与理论计算值不一致。

② 由于预应力预留孔道的位置不准，张拉时预应力筋的摩阻力增大，当张拉到设计吨位时，预应力筋实际伸长值偏小。

③ 预应力施工工序不规范。如在浇筑混凝土前已将预应力筋穿好，若浇筑混凝土时，产生孔道堵塞，不能用通孔器检查，张拉时摩阻力会增大，造成伸长值偏小。

④ 千斤顶与压力表等预应力张拉机具未能按规定定期进行校核，也会造成张拉力与伸长值不一致。

（3）防治措施：

① 预应力筋在使用前必须按实测的弹性模量和截面积修正计算。

② 正确量得预应力筋的伸长值，按计算的伸长量误差修正伸长值。

③ 确保预应力预留孔道的定位准确。为此，应将波纹管的定位钢筋点焊在上下排的受力钢筋上，防止浇筑混凝土过程中波纹管上浮。根据需要可进行实测预应力张拉摩阻力试验，修正设计用的摩擦系数，以调整预应力筋的理论伸长值。

若产生的摩阻力偏大，预应力筋张拉后的伸长值和理论伸长值相差较大，此时可考虑使用备用孔道增加预应力筋。

④ 适当提高初应力。

12. 预应力孔注浆不饱满（图 3.27）

（1）现象：连续梁压浆存在质量缺陷。梁面竖向预应力管压浆不饱满，个别排气孔端部 30 cm 内空隙未见浆液。

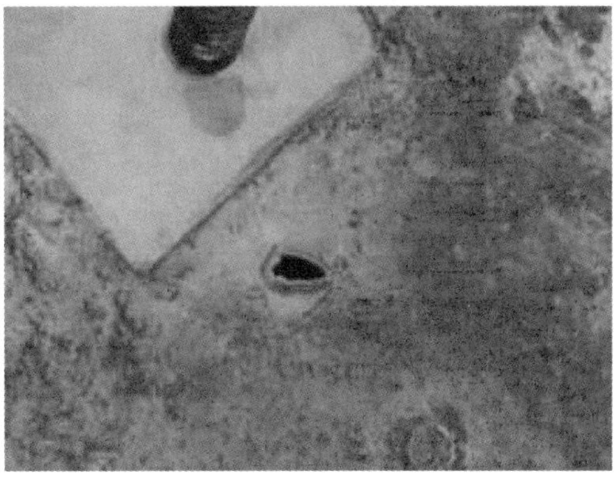

图 3.27 竖向预应力管压浆不饱满

（2）原因分析：

① 灌浆前孔道未用高压水冲洗，灰浆进入管道后，水分被大量吸附，导致灰浆难以流动。

② 孔道中有局部堵塞或障碍物，灰浆被中途堵住。管道排气孔被堵塞，灌浆时空气无法彻底排出。

③ 灰浆在终端溢出后持荷继续加压时间不足。

④ 灰浆配制不当，如所用的水泥泌水率高、水灰比大、灰浆离析等。

（3）防治措施：

① 孔道在灌浆前应以高压水冲洗，除去杂物，疏通和湿润整个管道。

② 配制高质量的浆液。选用的水泥可用强度等级不低于 42.5R 的普通硅酸盐水泥，灰浆水灰比、泌水率等必须严格控制。灰浆应具有良好的流动度并不易离析，可掺入适

量的减水剂和微膨胀剂，但不得使用对管道和预应力索有腐蚀作用的外掺剂，掺量和配方应试验确定。

③ 管道及排气口应通畅。压浆时应从低处往高处压，待高端孔眼冒溢浓浆后，堵住排气口持荷，继续加压，待泌水流光后再塞住孔口。

④ 对管道较长，或第一次压浆不够理想的，可进行第二次压浆。第二次压浆应在第一次压浆初凝后进行。

13. 梁体拆模后露筋（图 3.28）

（1）现象：混凝土内部主筋、副筋或箍筋局部裸露在结构构件表面。

图 3.28　混凝土露筋

（2）原因分析：

① 灌注混凝土时，钢筋保护层垫块位移或垫块太少或漏放，致使钢筋紧贴模板外露。

② 结构构件截面小，钢筋过密，石子卡在钢筋上，使水泥砂浆不能充满钢筋周围，造成露筋。

③ 混凝土配合比不当，产生离析，模板部位缺浆或模板漏浆。

④ 混凝土保护层太小或保护层处混凝土振捣不实；或振捣棒撞击钢筋或踩踏钢筋，使钢筋位移，造成露筋。

（3）防治措施：

① 每 1 m 左右绑扎垫块或塑料卡，避免钢筋紧靠模板而露筋。

② 钢筋制作应准确，安装也应准确，骨架安装有误时，应进行调整并加垫垫块。

③ 混凝土浇筑时，要注意各个部位都应振捣到位，不漏振。

④ 模板接缝应密贴，空隙处用纱头等材料填实。

⑤ 已产生露筋的地方，应进行修补；重要受力部位或大范围的露筋，经技术鉴定后确定补救办法。

14. 在腹板和底板承托处出现空洞、蜂窝、麻面

（1）现象：箱梁浇筑混凝土拆模后，在底板与腹板连接处的承托部位，部分腹板离

底板至底板承托处出现空洞、蜂窝、麻面。

（2）原因分析：

① 箱梁腹板一般较高，厚度较薄，在底板与腹板连接部位钢筋较密，又布置有预应力筋使得腹板混凝土浇筑时不易振实，也有漏振情况，易造成蜂窝。

② 若箱梁设置模隔板，一般会设预留人孔，浇筑混凝土时从预留人孔两边同时进料，易造成预留孔下部空气被封堵，形成空洞。

③ 浇筑混凝土时，若气温较高，混凝土坍落度小，模板湿水不够，局部钢筋太密，振捣困难；易使混凝土出现蜂窝、不密实。

④ 箱梁混凝土浇筑量较大，若供料不及时，易造成混凝土振捣困难，出现松散或冷缝。

⑤ 模板支撑不牢固，接缝不密贴，易发生漏浆、跑模，使混凝土产生蜂窝、麻面。

⑥ 施工人员操作不熟练，振捣范围分工不明确，未能严格做到对相邻部位交叉振捣，从而发生漏振情况，使混凝土出现松散、蜂窝。

（3）防治措施：

① 箱梁混凝土浇筑前应做好合理组织和分工，对操作人员进行技术交底，划分振捣范围，了解清楚浇筑层次，相互重复振捣一定长度。

② 对设置模隔板的箱梁，混凝土要轮流从模隔板洞口一边下料，并从洞口下另一边振出混凝土，避免使空气封堵在洞口下部，这样就不易在洞口下部形成空洞。

③ 合理组织混凝土供料，用输送车运输，以便当商品混凝土因运输或其他原因带来供料中断时予以临时供料。

④ 根据施工气温，合理调整混凝土坍落度和混凝土水灰比，当气温高时，应做好模板湿润工作。

⑤ 当箱梁腹板较高时，模板上应预留人孔，使得振捣棒可达到各部位。

⑥ 对箱梁底板与腹板承托处及横隔板预留人孔处，应重点进行监护，确保混凝土浇筑质量。

3.4 涵 洞

1. 涵洞基坑积水，抽排不及时（图 3.29）

（1）现象：涵洞基底积水，排水措施不完善。

（2）原因分析：

① 基础开挖未做好排水设施规划。

② 积水抽排不及时。

③ 涵洞施工完毕后，防水层及过渡段填筑滞后。

图 3.29　涵洞基地积水

（3）防治措施：

① 基坑开挖前做好排水规划。

② 现场储备抽水泵，设置集水坑，专人负责抽排。

③ 做好防水侧及过渡段填筑施工组织，防止积水浸泡基底。

2. 涵洞防水层施工不规范（图 3.30）

（1）现象：涵洞防水局部空鼓、破损。

图 3.30　涵洞防水局部空鼓、破损

（2）原因分析：

① 涵洞涵身清理不干净。

② 黏结剂涂刷不均匀，防水卷材铺设不平整，粘贴不密贴。

③ 过渡段填筑对防水板成品保护不到位。

（3）防治措施：

① 防水层施工前应先对基层面进行验收，基层应做到平整、无尖锐异物，不起砂、不起皮及无凹凸不平现象。

② 胶黏剂涂刷应均匀，不漏底、不堆积，铺贴卷材时，应排除卷材下面的空气，铺贴卷材时应平整顺直，搭接尺寸准确，不得扭曲、皱褶，并用滚压粘贴牢固。

③ 防水层施工完成 24 h 后方可铺填保护层和施工路基填土。

第 4 章　轨道工程

轨道结构由钢轨、轨枕、扣件、道床板等部分组成，其中无砟道床板施工为轨道工程控制重难点。无砟道床分为板式无砟轨道、双块式无砟轨道和长枕埋入式无砟轨道 3 大类，本章重点对双块式无砟轨道道床施工中常见问题进行原因分析，并就问题提出防治措施。

4.1　轨枕施工

1. 钢筋焊接质量差（图 4.1）

（1）现象：焊接质量较差，焊道产生多处气孔。

图 4.1　焊接气孔

（2）原因分析：

① 碱性低氢型焊条受潮、药皮变质或面、钢芯生锈；酸性焊条烘焙温度过高，使药皮变质失效。

② 钢筋焊接区域内清理工作不彻底。

③ 焊接人员技能不熟练，焊接电流过大，焊条发红造成保护失效，使空气侵入。

④ 焊接速度过快，或空气湿度太高。

（3）防治措施：

① 各种焊条均应按说明书规定的温度和时间进行烘焙。药皮开裂、剥落、偏心过大以及焊芯锈蚀的焊条不能使用。

② 钢筋焊接区域内的水、油、熔渣及水泥浆等必须清除干净。

③ 焊接人员必须持证上岗，焊接时引燃电弧后，应将电弧拉长些，以便进行预热和

逐渐形成熔池。在焊缝端部收弧时，应将电弧拉长些，使该处适当加热，然后缩短电弧，稍停一会再断弧。

④ 在焊接过程中，可适当加大焊接电流，降低焊接速度，使熔池中的气体完全逸出。

2. 混凝土漏浆（图 4.2）

（1）现象：轨枕混凝土浇筑与振捣，挡浆夹上浮，导致漏浆。

图 4.2 挡浆夹上浮，导致漏浆

（2）原因分析：

① 搅拌站首盘机组内有积水，混凝土坍落度大，按正常工序时间拔除挡浆夹会导致漏浆。

② 挡浆夹随着使用周转次数增多，夹片开口变大，夹取不牢。

③ 振动过程一定程度会导致夹片跑位，人为控制措施不力。

④ 振动完毕拔除挡浆夹过程操作不当，拔除时前后摇晃挡浆夹，破坏挡浆夹位置混凝土。

（3）防治措施：

① 在布料时发现混凝土偏稀，振动完毕后静置一段时间，使混凝土达到稳定后再拔除。

② 每班检查挡浆夹的质量，及时报废开口松软、刚性失效的挡浆夹。

③ 混凝土振动过程安排专人盯控挡浆夹偏位情况，在振动结束前及时使挡浆夹归位。

④ 对拔除挡浆夹操作工人进行技术交底，拔除时必须顺着模具钢边平顺拔出，禁止前后摇晃。

3. 轨枕表面气泡（图 4.3）

（1）现象：脱模后的轨枕混凝土面出现气泡、锈斑。

（2）原因分析：

① 模板打磨不彻底或采用钢丝球打磨后模板内清理不干净。

② 混凝土振捣不密实，混凝土中的气泡未排除，一部分气泡存在于模板表面。

（3）防治措施：

① 模板首次使用前打磨彻底，脱模后及时清理模板表面污渍。

② 混凝土入模板后，必须掌握振捣时间，以混凝土不再显著下沉、不再出现气泡，混凝土表面出浆且呈水平状态，混凝土将模板边角部分填满充实为准。

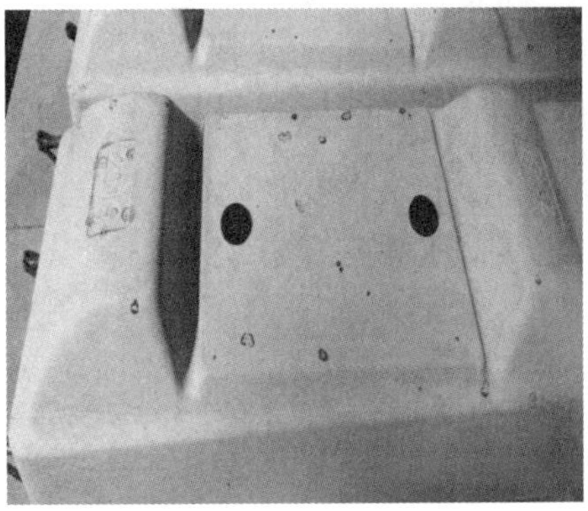

图 4.3　轨枕混凝土气泡、锈斑

4. 轨枕运输、存放不规范（图 4.4）

（1）现象：

① 轨枕装车运输，钢丝绳捆扎在桁架中间，容易导致桁架变形和轨距变化[图 4.4（a）]。

② 轨枕存放支垫位置不在承轨槽处，垫木上下未对齐，容易导致桁架变形[图 4.4（b）]。

③ 现场存放的轨枕有掉块现象，轨枕桁架已经严重变形[图 4.4（c）]。

（a）

（b）

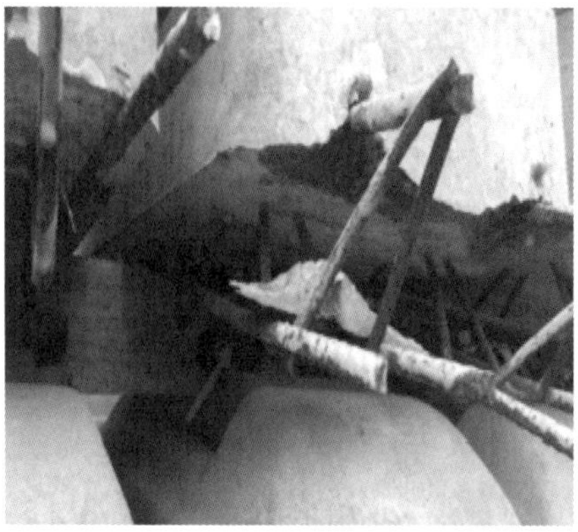

（c）

图 4.4 轨枕桁架严重变形

（2）原因分析：

① 对用轨枕桁架进行轨枕运输、存放技术交底不清楚，现场人员作业随意。

② 现场管理人员作业指导不到位，把关不严。

（3）防治措施：

① 现场交底清楚，轨枕吊装可用简易吊具单层卸车或采用叉车将整包装卸。在卸车时严禁碰、撞、摔、扭，避免轨枕桁架钢筋扭曲变形，保持混凝土表面无缺棱掉角，轨枕存放上下层必须在承轨槽处。轨枕正确的装车方式见图 4.5。

图 4.5 轨枕正确的装车方式

② 对各级管理人员就轨枕运输、存放要点进行培训教育，责任落实到人。

4.2 路基支承层施工

1. 支承层切缝的设置不合理

（1）现象：支承层切缝位置设置不合理，位于轨枕下方，后期运营期间容易造成轨枕出现裂缝。

（2）原因分析：技术人员对技术规范不熟悉，未对切缝位置进行交底。

（3）防治措施：支承层切缝时根据路基长度并结合轨枕安放位置，支承层终凝前切缝间距控制一般为 3.25 m。同时要保证支承层上伸缩假缝设置在两轨枕的正中间，因此，施工前通过测量，在 CAD 图中提前规划，提前设置支承层伸缩假缝位置，避免伸缩假缝位置处于轨枕块的下方。

2. 支承层混凝土开裂（图 4.6）

（1）现象：路基支承层混凝土开裂，存在不规则裂缝，后期会导致道床板拉裂。

（2）原因分析：支承层养护不到位或切缝不及时。

图 4.6　支承层混凝土开裂

（3）防治措施：

① 支承层摊铺后，应及时覆盖洒水养护，支承层表面用土工布覆盖，上层加盖塑料布，将土工布四周压紧，洒水量应保证支承层表面始终处于湿润状态。养护期间，按时洒水，养护时间不少于 7 d，湿度较小或气温较低时延长养护时间。

② 支承层施工完成后，宜在 6 h 内进行切缝施工，释放表面应力，当一班施工完成，支承层需设置施工缝时，将施工缝设置在假缝处。

4.3　底座施工

1. 隧道基底凿毛不到位（图 4.7）

（1）现象：隧道仰拱填充顶面，仰拱混凝土采用人工凿毛，凿毛质量差。

（2）原因分析：

① 技术交底不清楚或落实不到位。

② 凿毛设备配置不到位。

③ 现场管理人员检查验收不到位。

图 4.7　仰拱填充顶面仰拱混凝土人工凿毛

（3）防治措施：

① 对作业人员进行技术交底培训，现场严格管控仰拱二次填充混凝土凿毛工序，盯控新鲜混凝土露出面积、混凝土面冲洗工作。

② 采用专用凿毛机。在施工过程中，采用 2 台凿毛机为一组、一前一后、多组分段施工的方法进行凿毛，不仅能保证凿毛质量，同时也节约了时间，缩短了工期，加快了施工进度。

③ 加强内部管理，责任到人。

2. 桥梁保护层钢筋连接不到位

（1）现象：防撞墙预留连接钢筋没有和防撞墙外侧纵向钢筋连接好或者连接不稳定而导致受力分布存在问题。

（2）原因分析：

① 作业人员对技术交底落实不到位，责任心不足，施工随意。

② 后期安装防撞墙模板时破坏了绑扎好的钢筋。

（3）防治措施：

① 对作业人员进行技术交底培训，在防撞墙预留连接钢筋的施工中，应当穿过防撞墙内外两侧的纵向钢筋，预留钢筋的标钩端朝上钩住防撞墙外侧纵向钢筋，然后再进行下道工序。

② 在实际工程施工中，为了能够更好地控制保护层，通常都会垫上一些砂浆来抬高防撞墙预留钢筋的位置。

3. 桥梁底座板钢筋施工问题

（1）现象：在桥梁底座板钢筋结构的安装施工中，主要有以下三个常见问题：

① 结构钢筋塌卧现象，采用短钢筋来支撑，导致桥面防水卷材被刺穿。

② 接地钢筋焊接成品保护不周会引起防水卷材被烧坏，同样的问题也出现在道床板安装中，焊接残渣会对中间隔离层造成损坏。

③ 凸台钢筋和底部钢筋的连接不稳定甚至未连接，导致凸台钢筋孤立成为浮筋，对

凸台钢筋的抗剪能力有很大的影响。

（2）原因分析：

① 钢筋面积太大或者施工人员的踩踏。

② 接地焊接时与桥面防水层隔离措施不到位。

③ 作业人员责任心不强，施工随意。

（3）防治措施：

① 在钢筋的安装和绑扎中，垫块的数量一定要足够，尤其是凸台周边的垫块数量一定要确保。在对保护层进行混凝土浇筑之前需要对钢筋网进行矫正，季节性混凝土的浇筑可以用简易移动桁架实现，在施工过程中，工作人员可以在防撞墙上行走以免破坏混凝土结构和凸台钢筋网。

② 在接地钢筋的焊接施工中可以垫上一些石棉板来保护防水卷材。

③ 逐一检查凸台钢筋标钩端是否和底部钢筋网连接牢靠。

4. 桥面套筒损坏（图 4.8）

（1）现象：梁体表面预埋套筒偏斜或数量不足，连接钢筋歪斜，起不到抗剪作用。

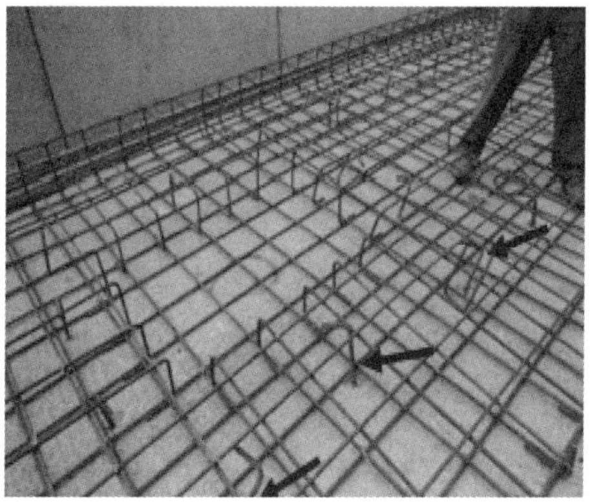

图 4.8 连接钢筋歪斜

（2）原因分析：

① 现场技术交底不清楚或落实不到位。

② 套筒位置不正，且固定不牢固，浇筑混凝土时触碰套筒导致偏位。

③ 套筒封闭不严，混凝土浆液流入套筒内。

④ 桥梁工程作为主要施工通道，施工车辆过往频繁，导致套筒损坏。

（3）预防措施：

① 对作业人员进行技术交底，将每孔梁套筒数量和间距交底清楚。

② 套筒固定牢固，混凝土振捣避免触碰套筒。

③ 套筒口封闭严密，防止混凝土浆液浸入。

④ 在施工现场，加强对梁体预埋件的保护，同时对运输道路进行提前策划，避免车辆损坏套筒，对不能施工的套筒采用钻孔植筋处理，数量满足设计要求。

5. 底座板裂纹（图 4.9）

（1）现象：底座板表面存在裂缝，限位凹槽四角有放射型裂纹。

（a）

（b）

图 4.9　底座板表面裂缝

（2）原因分析：

① 混凝土施工温度与环境温度不同步。

② 混凝土材料的不均匀导致裂缝产生。

③ 限位凹槽防裂钢筋绑扎位置偏位。

④ 混凝土振捣不到位，养护不及时，混凝土干缩。

（3）防治措施：

① 混凝土浇筑应选择温度变化范围较小的时间段进行。

② 加强混凝土原材料质量控制，规范混凝土配合比设计，遵守“三低一高”的原则（低胶材、低用水量、低坍落度、高含气量）；严格控制拌制混凝土坍落度。

③ 底座板凹槽四角防裂钢筋若与上层钢筋网片纵横向钢筋冲突，可现场截断上层钢筋网片纵横向钢筋。

④ 采用插入式振动棒进行振捣，同一浇筑横断面采用 4 台振动棒，2 台 50 振捣棒振捣，2 台 30 振捣棒随后收面，左右侧同步浇筑、同步收面；重点控制凹槽四周振捣质量；采用一毡一膜的养护方案及时养生至少 7 d。

4.4　道床板施工

1. 底座凹槽弹性垫层安装不到位（图 4.10）

（1）现象：限位凹槽弹性垫层与底座顶不平齐，四周弹性材料粘贴不密实。

图 4.10　限位凹槽弹性垫层与底座顶不平齐

（2）原因分析：

① 弹性垫层下料尺寸存在误差或限位凹槽混凝土厚度大于设计尺寸。

② 弹性垫板涂刷胶水不均匀，安装弹性材料后未进行锤实。

（3）防治措施：

① 施工过程中严格控制凹槽尺寸，弹性垫板要符合设计尺寸，安装前对凹槽尺寸进行检查，满足设计尺寸要求后方可进行弹性垫层安装。

② 刷胶要讲究方法：主要刷胶位置为板边四周、限位凹槽四周，限位凹槽内弹性材料粘贴四周要满刷胶，粘贴牢固。限位凹槽内弹性材料粘贴时要用橡皮锤进行锤实，特别是槽内四个下角，要用方木块一一顶实，弹性材料四周要用透明胶带全土封闭。

③ 用塑料布进行覆盖，防止污染。

2. 桥梁底座板与道床板结合不良、有错台（图 4.11）

（1）现象：底座板与道床板之间有错台。

图 4.11　混凝土错台

（2）原因分析：模板加固不当导致底座与道床板错台严重。

（3）防治措施：模板使用前，先进行打磨，再用滚筒对模板表面均匀涂刷脱模剂，严格控制涂刷量，避免因涂刷过多形成挂流或涂刷过少而使混凝土黏结等影响混凝土外观质量。涂刷完成后，及时进行模板安装，避免其放置时间过长而造成模板表面受灰尘污染。用双面胶在模板上标记出高程控制线。

3. 道床板接地施工不规范（图 4.12）

（1）现象：顶层钢筋安装保护层不足，接地钢筋加工、焊接不规范，接地钢筋焊接时损坏绝缘卡。

（a）

（b）

图 4.12 顶层钢筋安装保护层不足，接地钢筋加工、焊接不规范

（2）原因分析：

① 技术交底落实不到位，作业人员未按照技术交底要求组织钢筋加工、连接、安装施工。

② 对绝缘卡保护不到位。

（3）预防措施：

① 对作业人员进行技术交底培训，现场严格管控钢筋加工、连接、安装工序，观察、

尺量检查钢筋规格、型号、搭接长度以及接地钢筋和接地端子焊接情况，测试钢筋网绝缘性能。

② 接地单元与“贯通地线”单点T接，接地单元之间的接地端子不连接。纵横向接地钢筋之间采用30 cm长ϕ16 L形钢筋单面焊接，焊接长度不小于100 mm，焊缝厚度不小于4 mm。接地端子采用焊接方式固定在道床两侧接地钢筋上，双边焊搭接长度不小于55 mm，单边焊搭接长度不小于100 mm；焊缝厚度不小于4 mm；接地端子的焊接在轨道精调完成后进行，端子表面拧入保护塑料盖，焊接时应保证其与模板密贴。

③ 自制绝缘电阻测试线，同时对与同一根纵向钢筋相连的所有横向钢筋接头绝缘状况进行检测。先检查绝缘卡安装是否良好，然后用兆欧表进一步测量钢筋间的绝缘数据。全部检查任意两根非接地钢筋间电阻必须达到2 MΩ，方可进入下道工序。

4. 道床板混凝土烂根（图4.13）

（1）现象：道床板混凝土振捣不实，两侧出现较多的蜂窝麻面、底部烂根。

图4.13 混凝土烂根

（2）原因分析：

① 模板未涂刷隔离剂或不均匀，模板表面粗糙并粘有干混凝土，浇筑混凝土前洒水湿润不够，或模板缝没有堵严，混凝土与模板接触部分的混凝土失水过多，混凝土呈干硬状态，使混凝土表面存在许多凹点。

② 混凝土下料不当，没有振捣实或下料与振捣配合不好，未充分振捣又下料，造成混凝土离析，因而出现蜂窝、麻面。

③ 混凝土搅拌时间短，用水量不准确，混凝土的和易性差，混凝土浇筑后有的地方砂浆少石子多，形成蜂窝。

④ 混凝土振捣不密实，混凝土中的气泡未排出，一部分气泡停留在模板表面。

（3）防治措施：

① 将模板面清理干净，不得粘有干硬水泥或砂浆等杂物。钢模板涂脱模剂均匀，不得漏刷。对侧模底部缝隙采用砂浆找平，同时对模板底座采用双面胶进行封堵。

② 混凝土搅拌时间要适宜。

③ 当采用吊斗浇筑时，用吊斗将混凝土吊至待浇筑的轨排上方（下料口离轨顶 30 cm 左右），开启阀门下料；混凝土布料采用一端向另一端连续进行，一根一根轨枕平行推进，将每一根轨枕下布满混凝土，杜绝从一侧漫流到另一侧，以确保在浇筑断面内均匀布料，防止混凝土离析。当混凝土从轨枕下自动漫流至下一根轨枕后，前移至下一根轨枕继续往前浇筑。横向在双块轨枕中对称布料。

④ 混凝土振捣插入时快插慢拔，并边提边振，以免在混凝土中留有空洞；插入式振动器振动时的移动间距，不超过振动器作用半径（40 ~ 50 cm）的 1.5 倍，与侧模保持 5 ~ 10 cm 的距离。混凝土布料后，随即进行振捣，振捣时间要合适，一般控制在 25 ~ 40 s 为宜，以混凝土表面不再下沉、无气泡、表面泛浆为宜，避免漏振、过振。

5. 道床板底部脱空（图 4.14）

（1）现象：道床板与支撑层间产生明显离缝、道床板上拱现象。

（a）

（b）

图 4.14　道床板与支撑层离缝

（2）原因分析：

① 施工过程中，支承层顶面作为无砟轨道施工运输通道，粗糙度不够，未能对下层支承层表面进行充分凿毛、去除浮渣、清除粉尘。

② 道床板施工温度过低，使高温下道床板内温度力过高。

③ 由于两层施工间隔较长（尤其相隔冬夏）等原因，混凝土在干缩与长期高速荷载冲击振动下导致脱空。

（3）防治措施：

① 道床板施工前，应按设计要求对表面道床板范围内进行凿毛处理。

② 为避免混凝土道床板浇筑不产生超限的温度裂缝，浇筑混凝土期间应全天监测环境温度、轨道温度，使混凝土浇筑能在气温变化范围较小的时间段内进行，混凝土入模温度控制为 5 ~ 30 °C。

③ 统筹安排支承层与道床板的施工间隔时间，使支承层充分完成收缩，路基施工支承层与道床板的时间间隔应大 15 d，如条件允许最好间隔 30 d，保证支承层应力释放完全后再施工道床板，以免支承层应力将道床板挤裂。

6. 道床板表面裂缝（图 4.15）

（1）现象：道床板轨枕周边易出现“八字纹”，表面混凝土下陷、开裂。

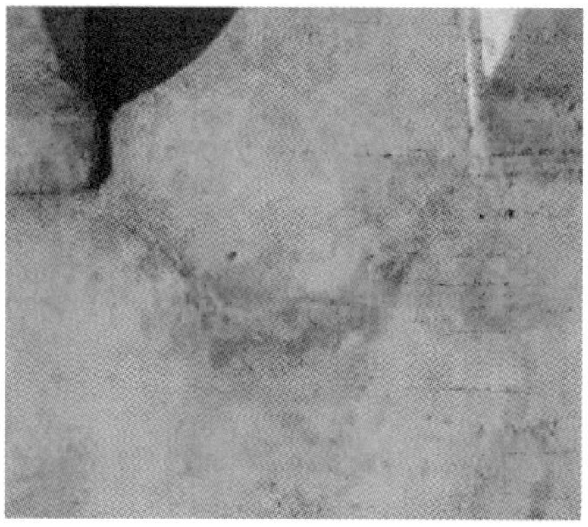

（a）

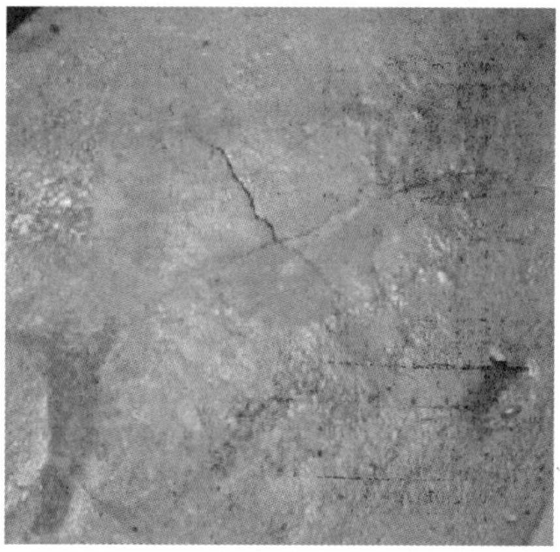

（b）

图 4.15 轨枕“八字纹”

（2）原因分析：

① 施工时间不当。无砟轨道混凝土要求在气温较高时施工。否则混凝土浇筑完成后，

水泥水化加快，混凝土会在较短的时间内产生塑性收缩、温度收缩、自生收缩和干燥收缩，上述各种收缩的叠加易形成表面裂缝。

② 养护措施不当引起的混凝土裂缝：

• 混凝土未及时洒水保湿养护，不能保证表面混凝土中水泥水化所需水分，而导致混凝土表面龟裂。

• 混凝土养护时机把握不准，在水泥水化混凝土凝固时升温期内使用大量温度较低的水进行养护，引起混凝土内外温差急剧增大，导致混凝土开裂。

③ 气温变化引起荷载裂缝。混凝土浇筑完成后，未能及时解除螺栓调节器及轨道扣件工具轨的约束，致使比热容相对较小的混凝土在轨枕周围出现裂缝。

④ 结构变形引起的裂缝。路基、桥梁、隧道沉降变形观测不到位，致使对轨道基础变形预测不准，引起轨道板开裂。

（3）防治措施：

① 规范配合比设计。严格按照耐久性混凝土有关要求进行配合比设计，考虑碱骨料反应，在选择混凝土材料的时候，要控制碱含量，避免因为碱骨料反应而形成裂缝；根据骨料含水量测定值及时调整施工配合比。

② 加强混凝土原材料质量控制。各种混凝土用原材料、外加剂等进场前查验出厂合格报告，并按照规范要求的频率进行取样试验，严格控制粗细骨料的含泥量。

③ 消除线下结构变形。加强对路基、桥梁、隧道沉降变形观测，并对线下结构沉降变形进行评估，待变形趋于稳定时施作无砟轨道，消除结构变形引起的裂缝。

④ 加强施工工艺过程控制：

• 混凝土施工前，对轨枕进行润湿，以保证混凝土结合。

• 确保枕木周围钢筋的保护层厚度。

• 尽量选择在气温较低时进行混凝土施工，以使混凝土水化凝固过程与气温上升过程一致，避免混凝土出现较大的内外部温差。

• 加强混凝土振捣，振捣棒要快插慢拔，避免过振、漏振，对轨枕四周加强振捣，导致混凝土不密实引起较大的体积变化。

• 混凝土浇筑完成后，加强多次抹面收光，排除泌水、水分和气泡。混凝土入模后用坡度尺和木抹按设计排水坡度 1%完成粗平。坡度尺用于两线轨枕之间，木抹用于钢轨下、纵向轨枕间及钢轨外侧部分。1 h 后再用钢抹抹平、压实。为防止混凝土表面失水产生细小裂纹，在混凝土初凝前进行第三次抹面，抹面时严禁洒水润面。

• 混凝土初凝以后，派专人对轨排框架的支脚螺杆放松 1/2 圈，松开螺杆调节器后约 2 h 再将扣件、夹板松开，使钢轨处于放松状态，以便释放轨道在施工过程中由温度和徐变引起的应力变形，避免道床板表面出现裂纹。

• 在混凝土浇筑过程及抹面过程中，避免多人同时在轨道上作业，防止施工荷载对混凝土的破坏。

• 混凝土浇筑完成收光抹面后，及时覆盖土工布，避免混凝土表面水分挥发，同时缓解混凝土表面温度的变化速度。

7. 轨面高程存在误差

（1）现象：道床板混凝土浇筑后，轨面高程发生变化。

（2）原因分析：施工现场温度、湿度、压强变化和施工干扰等因素均对轨道高程影响。

（3）防治措施：

① 道床板浇筑混凝土前，如果轨道放置时间过长（超过 12 h）或者环境温度变化超过 15 °C，或是发生意外碰撞轨排时，必须重新精调。

② 无砟轨道施工前，通过线外无砟轨道试验段施工对各种参数进行总结。

• 高程控制。通过试验发现，在浮力的作用下轨枕会略有上浮，根据现场数据得知上浮高度在 0 ~ 1.5 mm 内，因此，精调时，高程控制需在偏差负值范围内且靠近最大负值偏差。

• 轨距控制。因采取轨排框架法施工，轨距变化不大，但轨向因有超高侧，受混凝土流动性影响，轨向将向低侧略偏，偏移量为 0 ~ 1 mm。因此，精调时，轨向控制在允许偏差范围内需向超高侧偏移，且在轨排固定时需安装轨排固定器进行固定。

结论：无砟轨道道床直接承载高速铁路列车运行，其施工质量及病害（缺陷）直接关系到铁路运营和人机安全。CRTS Ⅰ 型双块式无砟轨道技术标准高、工序多，在施工过程中经常会出现一些质量问题，如果过程防治措施不当会导致后期发展成质量病害，不但增加维护难度和费用，还会影响运营铁路运营安全。这就需要现场施工技术管理人员熟悉图纸与规范，理解设计意图，熟练掌握无砟轨道施工质量控制的要点及常见问题防治措施，强化现场监督指导，保证施工质量。

第 5 章　房建工程

铁路房建工程包括房建工程以及其他生产、生活、设备等配套房建工程。本章从土方及基础工程、模板安装工程、钢筋制作安装工程、混凝土结构工程、钢结构工程、砌体工程、幕墙工程及吊顶工程方面列举在建设过程中常见的质量问题，分析了产生的原因并提出相关防控措施。

5.1　土方及基础工程

1. 基坑超挖（图 5.1）

（1）现象：基坑底超出设计标高。

图 5.1　基坑底与设计标高不符

（2）原因分析：

① 采用机械开挖，没有留下 30 cm 由人工开挖整平，而是一挖到底，操作又控制不严，局部多挖。基底原状土受到机械开挖而扰动。

② 测量未经复核出现差错或没有专人指挥，盲目操作。

③ 基坑开挖排水措施不到位，浸泡基底及边坡，边坡上存在松软土层，受外界因素影响自行滑塌，造成坡面凹洼不平。

（3）防治措施：

① 机械开挖应预留 0.3 m 厚的采用人工清底。

② 开挖过程中加强复测，严格定位。

③ 做好地面排水措施，避免在影响边坡稳定的范围内积水，造成边坡塌方。当基坑

（槽）开挖范围内有地下水时，应采取降、排水措施，将水位降至离基底 0.5 m 以下方可开挖，并持续到回填完毕。

2. 基坑（槽）浸水（图 5.2）

（1）现象：基坑（槽）开挖时被水淹没，或直接在地下水位以下挖土，土壤浸水，经过扰动，由固体变成流体，既造成施工困难，也影响地基质量。

图 5.2　基坑被水浸泡

（2）原因分析：

① 基坑开挖未在周围设置截排水沟或拦水堤，地表水流入基坑。

② 在地下水位以下挖土，未采取降水措施，降地下水位降至基底开挖面以下。

③ 施工中未连续降水，抽排不及时。

④ 开挖基坑未做防雨措施，方便雨水流入基坑。

（3）防治措施：

① 开挖基坑（槽）前，场地周围应设置排水沟，防止地面水流入基坑（槽）内。

② 基坑开挖时应逐层开挖，逐层放坡，并加深排水沟和集水井，随时检查边坡坡度，不允许偏陡。边坡上缘堆土或堆置材料时，至坡边应保持一定距离，一般在 0.8 m 以上，堆土高度不超过 1.5 m。

③ 在潜水层内开挖基坑（槽）时，根据水位高度、潜水层厚度和水量，可在潜水层标高最低点设置排水沟和集水井，防治流入基坑。

④ 在地下水位以下挖土，开挖时先从标高最低处开始，并在最低处设集水井。除明排水外，也可以采用各种井点降水方法，将地下水位降至基坑（槽）最低标高以下再开挖。

3. 基坑（槽）坍塌（图 5.3）

（1）现象：在挖方过程中或挖方后，基坑（槽）边坡局部或大面积塌落或滑塌。

（2）原因分析：

① 基坑（槽）开挖较深，经过不同土壤时，没有根据土壤特性分别放成不同坡度，致使个别土层边坡不稳定，造成塌方。

图 5.3　基坑边坡垮塌

② 在地表水、地下水活跃地区开挖基坑（槽）时，缺乏降、排水措施，由于水（雨水、生产水、生活废水等）的影响，使土壤湿化，湿化程度增高使土壤凝聚力降低、失去稳定而塌方。

③ 边坡顶部附加荷重过大或外力振动影响，边坡失去稳定而塌方。

④ 土质疏松，开挖土方施工方法不当，造成塌方。

（3）防治措施：

① 施工中必须按规定放坡。当土具有天然湿度、构造均匀、水文地质条件良好且无地下水时，深度在 5 m 以内，不加支撑的基坑（槽）和管沟，必须控制其边坡的最大允许坡度。

② 当无地下水时，在天然湿度土中开挖基坑（槽）和管沟，可作直立壁而不加支撑。此时砌筑基础和设置其他地下结构或地下设备的工作，应在管沟挖好后立即进行。施工时间较长时，深度大于 1.5 m 的基坑（槽）或管沟直立壁，宜用工具式支撑加固。

③ 基坑和管沟的支撑方法有断续式水平支撑、连续式水平支撑、连续垂直支撑、锚固支撑、斜柱支撑、短桩横隔支撑、临时挡土墙支撑等。

④ 如简易支撑无法消除边坡滑动及土方坍塌，可采用打板桩防护。

5.2　模板安装工程

1. 梁、板模板支撑不牢固（图 5.4）

（1）现象：钢管扣件代替顶托，钢管采用扣件接长钢管，模板方木未搭接，加固不到位，引起混凝土结构尺寸变形、胀模、爆模。

（2）原因分析：

① 梁板竖向支撑支设不牢固。

② 梁板模板支设未起拱或起拱高度不符合规范要求。

③ 梁模板固定不牢固。

④ 木模板或胶合板模板安装后未及时浇筑混凝土，长期日晒雨淋导致模板变形。

（a）

（b）

图 5.4　扣件代替顶托，扣件接长钢管，方木未搭接

（3）防治措施：

① 模板支撑及加固应进行设计计算。支撑钢管底部应设垫木和底座，顶部设可调支托，其螺杆伸出钢管顶部不得大于 200 mm。

② 对跨度大于 4 m 的现浇钢筋混凝土梁、板，其模板应按设计要求起拱。

③ 高度大于 600 mm 的梁，模板外侧双排钢管围檩竖向间距不大于 500 mm，并应加穿对拉螺杆（梁高大于 800 mm 时应设置两道），对拉螺杆沿梁长方向间隔也不应大于 500 mm。梁底模板应加顶撑，与立杆相互拉结，间距一致，距梁两端不大于 300 mm 起设第一道顶撑。

④ 采用木模板、胶合板模板施工时，经验收合格后应及时浇筑混凝土，防止模板变形。

2. 模板存在缝隙（图 5.5）

（1）现象：模板拼缝过大，产生错台、漏浆及烂根现象。

（2）原因分析：

① 模板、方木材料规格不统一，存在混用现象。

② 木模板下料尺寸不准确，锯口未刨直，切口不平整。

③ 模板拼缝处未设置背楞，固定不牢。

④ 木模板拼缝不严密。

⑤ 墙柱模板底部不平整，未采取有效措施处理。

图 5.5　模板拼接不牢固

（3）防治措施：

① 模板、方木材料进场，分类堆放并设置标识，严禁混用。

② 模板下料尺寸准确，刨边顺直，拼缝严密，拼缝宽度不大于 2 mm。

③ 模板拼缝处应设置背楞，接缝处采用钉子固定牢固，间距不大于 500 mm。

④ 木模板采用硬拼缝（误差在 2 mm 以内）或用腻子嵌缝。

⑤ 安装墙、柱模板时，底面应先用水泥砂浆找平，再铺设海绵条防止混凝土出现漏浆、烂根现象。

3. 脱模剂使用不当

（1）现象：模板表面脱模剂使用不当或模板打磨不彻底，造成混凝土表面出现污染、麻面等缺陷。

（2）原因分析：

① 拆模后不清理混凝土残浆即刷脱模剂。

② 脱模剂品种选用不当。

③ 脱模剂漏涂或涂层过厚，涂刷不均匀。

④ 脱模剂涂刷后，未及时浇筑混凝土，拆模困难。

（3）防治措施：

① 拆模后应及时清除模板上遗留的混凝土残浆等杂物，清理干净后再涂刷脱模剂。

② 木模板用水性脱模剂，钢大模板用油性脱模剂。脱模剂材料选用原则：既适于脱模，又便于混凝土表面装饰。选用的材料有皂液、滑石粉、石灰水及其混合液或各种专用化学制品的脱模剂等。严禁用废机油作为脱模剂。

③ 脱模剂材料宜拌成稠糊状，涂层薄而均匀，不得漏涂、流淌，一般刷两度为宜，以防漏刷，也不宜涂刷过厚。

④ 脱模剂涂刷后，应在短期内及时浇筑混凝土，以防隔离层受破坏。

4. 墙体接茬处错台或漏浆（图 5.6）

（1）现象：外墙柱模板未与已浇灌混凝土重叠，上下墙体接茬位置不在统一平面上，错台。

（a）

（b）

图 5.6　外墙柱模板未与已浇灌混凝土重叠

（2）原因分析：

① 模板配模高度负偏差超过 15 mm，造成模板底部吊空。

② 下层混凝土在接茬处胀模或收口不平整，上层模板安装与下层墙体贴附不严密。

③ 墙体模板第一道钢管围檩距离楼地面距离过大，根部接长木楞未固定。

④ 支模时未采用线坠靠吊安装不垂直，导致墙体上口位移，或拧紧加固后未复查。

⑤ 模板支设不当，引起斜向支撑变形。

（3）防治措施：

① 墙体配模高度负差应控制在规范要求的 15 mm 内。

② 立模前应将下口胀模部位混凝土凿除，修复平整。模板与下层混凝土墙面搭接不少于 100 mm，接触部位贴泡沫条防止漏浆。

③ 模板第一道加固钢管围檩距楼地面不应大于 200 mm。下层墙体施工时宜在其顶端 200 mm 范围内留设螺栓孔，间距不大于 500 mm，利用预留螺栓孔加固上层模板。

④ 支模时应反复用线坠靠吊，保证模板安装垂直度。先安装墙内侧模板，再安装外侧模板，初步用线坠靠吊垂直后，初步拧紧中间部位的螺栓，再用线坠校核垂直后，上下左右对称拧紧其他螺栓。

⑤ 为保证模板垂直，应在模板对称部位支设斜撑，并且将此部位的模板通过水平支撑与相邻模板和内排架连成整体，防止模板出现变形。

5.3 钢筋制作、安装

1. 钢筋直螺纹加工不规范（图 5.7）

（1）现象：直螺纹钢筋端头不平整、未加保护，外露丝扣超标。

（a）

（b）

图 5.7 直螺纹钢筋端头不平整等

（2）原因分析：

① 套筒与钢筋规格不符，未做型式试验。

② 钢筋端头不平整且与钢筋中心线不垂直。

③ 有效螺纹长度不够或过长。

④ 对加工好的丝头未进行逐个检查。

⑤ 加工好的丝头未加保护帽，在运输中受损或污染。

⑥ 施工现场无力矩扳手，未进行力矩检验，钢筋中部未对顶紧，外露丝扣不符合要求。

（3）防治措施：

① 进场套筒应与相应直螺纹接头做型式试验，避免不匹配现象。加工机械刀具或滚丝轮规格应正确，保证套丝螺距与套筒螺距一致。

② 钢筋应采用砂轮切断机切割，端面应平整且与钢筋中心线垂直。

③ 应根据加工钢筋的直径，调换与加工直径相适应的滚丝轮，在调换滚丝轮的同时，调换与滚丝轮螺距相适宜的垫圈，确保滚丝轮与加工直径相适应。

④ 对于加工好的丝头应采用通环规和止环规逐个检查，不合格的丝头应切去重新加工。

⑤ 检验合格的丝头应在其端头加塑料保护帽保护，防止装卸时损坏，并按规格分类堆放整齐。

⑥ 直螺纹套筒的连接，应用管钳或力矩扳手进行。经拧紧后的接头采用带显示器的力矩扳手进行检测并做出标记。钢筋接头应位于直螺纹套筒中间部位，不得偏向一端，丝扣外露允许 1～2 扣。

2. 钢筋安装偏位（图 5.8）

（1）现象：柱筋偏位，偏位达 11 cm，柱纵筋间距偏差过大。

图 5.8 柱筋偏位

（2）原因分析：

① 柱纵筋无定位措施或定位措施不可靠。

② 箍筋制作误差较大，内包尺寸不符合要求，造成柱纵筋偏移，甚至发生扭曲。

③ 混凝土保护层垫块被压碎或垫块设置不均匀，数量少，垫块厚度不一致，纵筋绑扎不牢等，导致纵筋偏位。

④ 梁柱节点内钢筋较密集，纵筋易被梁筋挤偏位。

⑤ 基础顶面插筋甩头过长，无临时固定措施。

（3）防治措施：

① 柱筋绑扎成型后，在距离楼面标高 50 mm 处安装定位卡，并与主筋绑扎牢靠。

② 按要求正确制作箍筋，并与纵筋绑扎牢固，不得漏绑。

③ 柱混凝土保护层优先选用塑料保护层卡具，保护层厚度应一致。

④ 在梁柱交接处顶部，应使用不少于两道箍筋与柱纵筋点焊固定。

⑤ 基础部分插筋宜为短筋插接，逐层接筋。甩头钢筋应尽量少，柱纵筋绑扎固定。

3. 钢筋保护层厚度超偏差（图 5.9）

（1）现象：剪力墙保护层厚度不足，钢筋无垫块，紧贴模板。

图 5.9　剪力墙保护层厚度不足

（2）原因分析：

① 钢筋保护层垫块厚度不均或数量过少。

② 梁柱箍筋下料加工不准确，骨架尺寸偏差大，绑扎不牢固，局部远离模板。

③ 剪力墙主筋钢筋位移，导致保护层在墙两侧不均匀。

④ 现浇板钢筋被踩踏变形。

（3）防治措施：

① 板钢筋保护层选用带扎丝预制垫块，墙柱钢筋保护层可采用成品混凝土内撑。

② 严格按照图纸、规范要求尺寸进行钢筋加工制作绑扎，钢筋间距允许偏差 10 mm，保护层厚度允许偏差±2 mm。

③ 设置剪力墙定位钢筋，在剪力墙内自暗柱或转弯处开始放置定位梯子筋，梯子筋放置间距不大于 2 m，并可代替同位置竖向钢筋。在距上层现浇板面 200 mm 处安装水平钢筋定位卡。

④ 现浇板钢筋绑扎完成后注意成品保护，在混凝土浇筑时宜设置马道防止板面钢筋被踩踏变形。

4. 现浇板钢筋移位（图 5.10）

（1）现象：现浇板预埋管线过密，被踩踏，绑扎不牢产生位移，板筋凌乱。

（2）原因分析：

① 现浇板内安装管线密集，相互重叠交叉影响钢筋位置。

② 板筋支撑不牢固，绑扎不规范。

③ 钢筋保护措施不到位，被踩踏变形。

图 5.10　板筋凌乱

（3）防治措施：

① 对现浇板内布设管径较大或较密集线管处，应提前预排优化，减少交叉重叠亦可增设抗裂钢筋网。

② 对于单向板钢筋的绑扎，除靠近外围两行的钢筋相交点必须全部扎牢外，中间部分交叉点可间隙交错绑扎。双向板纵横向受力钢筋交叉点必须全部绑扎。板底层钢筋分布筋应放置在上面，在梁截面范围内可不设置；板面层钢筋分布筋应放在受力钢筋下面。

③ 板的上部钢筋与负弯矩钢筋应每隔一定间距用钢筋支架托起，或设置马凳。严禁踩踏绑扎成型的板面钢筋网或构造筋。

④ 现浇板钢筋绑扎完成后注意成品保护，在混凝土浇筑时，宜设置马道防止钢筋被踩踏变形。

5. 箍筋数量不足（图 5.11）

（1）现象：梁底后植构造柱接茬钢筋，绑扎连接段箍筋未按设计 10 cm 间距加密设置。

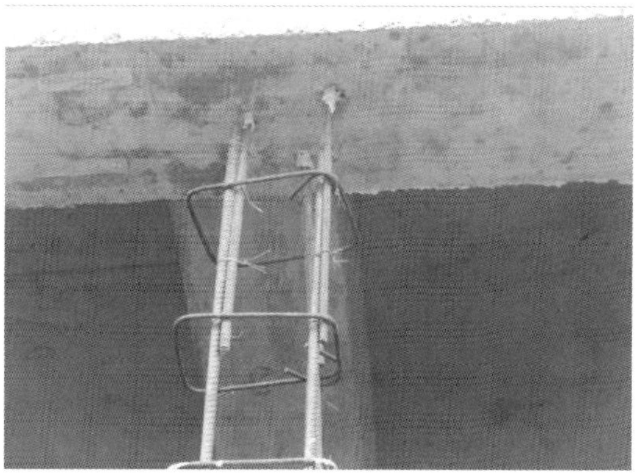

图 5.11　构造柱接茬钢筋箍筋未加密

（2）原因分析：技术交底不全面、不细致，对有特殊要求的内容未加明确。

（3）防治措施：

① 技术交底时明确植筋梁端箍筋的间距和数量。

② 根据现场具体情况，增加箍筋数量。

5.4 混凝土结构

1. 混凝土蜂窝、气泡（图 5.12）

（1）现象：混凝土表面石子外露，空腔密集连通，形成蜂窝状结构；气泡为混凝土表面气体水分聚集，形成密集或单独存在的较小空腔。卫生间梁根部混凝土烂根。

图 5.12 烂根现象严重

（2）原因分析：

① 振捣不到位，下料和浇筑方法不正确。

② 剪力墙、柱采用大钢模板时，混凝土一次下料过厚，气体未充分排除。

（3）防治措施：

① 混凝土坍落度不宜过小，且分层下料振捣密实；对钢筋密集区域应预先优化排布，便于混凝土下料及振捣。混凝土自由倾落高度大于 2 m，应采用长软管或串筒等方法浇筑；严禁集中下料赶施工。现浇板在墙柱根部宜采用长刮杠沿平行于墙的方向刮平，控制钢大模板根部间隙。

② 混凝土应分层振捣，振捣厚度不超过振动棒作用部分的 1.25 倍。振捣时注意观察混凝土，以表面不下沉、不冒气泡、不泛浆为宜，必要时宜采用模板外挂振动器辅助振捣。

2. 混凝土麻面（图 5.13）

（1）现象：混凝土表面脱皮形成的密集凹坑，麻面。

（2）原因分析：

① 模板隔离剂涂刷不均匀，未达到隔离效果，拆模时混凝土表面水泥浆大面积剥离。

② 模板拆除过早，表面粘模。

③ 模板材质粗糙，表面粘有杂物或周转次数过多，导致混凝土表面粘连。

④ 现浇板由于表面密实度不足、浇水养护过早、收面粗糙、表面冻害等形成起砂、起皮、麻面。

图 5.13 混凝土麻面

（3）防治措施：

① 根据模板类型选择相适用的隔离剂，模板涂刷隔离剂前表面应清理干净并涂刷均匀。

② 控制拆模时间，侧模拆除时的混凝土强度应能保证其表面及棱角不受损伤，底模拆除时的混凝土强度应符合规范要求。

③ 模板表面应平整并具有足够的强度，多次用的模板表面不平或破损部位应修复或更换。

④ 混凝土浇筑时应振捣密实并二次抹面，控制好浇水养护时间，硅酸盐水泥、普通硅酸盐水泥配制的混凝土养护不少于 7 d，采用缓凝型外加剂、后浇带混凝土养护时间不应少于 14 d。

3. 混凝土梁损坏（图 5.14）

（1）现象：反梁混凝土崩角

图 5.14 反梁混凝土崩角

（2）原因分析：

① 当混凝土尚未达到一定强度时，如果在上面行走或堆放材料，常会因混凝土负担不起所受的荷重而破坏。

② 由于施工进度要求快，现场常常出现早上刚浇筑完，下午就开始上人作业的情况，楼板混凝土表面经常出现较深的人脚印等，给楼板带来开裂隐患。

（3）防治措施：

① 当混凝土强度达到 1.2 MPa 时，才允许人在上面行走和安装模板及支架。

② 楼板面材料不可集中堆放，宜小堆分散放置。

4. 混凝土露筋（图 5.15）

（1）现象：梁端底部混凝土箍筋外露。

图 5.15　梁端底部混凝土箍筋外露

（2）原因分析：

① 混凝土振捣时钢位不正确或垫块太少，钢筋紧贴模板致使拆模后露筋。

② 混凝土构件断面小，钢筋过密，如遇大石子卡在钢筋上，则水泥浆不能充满钢筋周围，使钢筋密集处产生露筋。

③ 混凝土振捣时，振捣棒撞击钢筋，将钢筋振散发生移位，因而造成露筋。

④ 混凝土保护层振捣不密实，或木模板湿润不够，混凝土表面失水过多，或拆模过早等，拆模时混凝土缺棱掉角。

（3）防治措施：

① 钢筋混凝土施工时，注意保证垫块数量、厚度、强度并绑扎固定好。

② 钢筋混凝土结构钢筋较密集时，要选配适当石子，以免石子过大卡在钢筋处。普通混凝土难以浇筑时，可采用细石混凝土。

③ 混凝土振捣时严禁振动钢筋，防止钢筋变形位移。在钢筋密集处，可采用带刀片的振捣棒进振捣。

④ 混凝土自由倾落高度超过 2 m 时，要用串筒或溜槽等进行下料。拆模时间要根据

试块试验结果确定，防止过早拆模。操作时不得踩踏钢筋，如钢筋有踩弯或脱扣者，应及时调直，补扣绑好。

5. 梁板混凝土表面不平整（图5.16）

（1）现象：板面标高控制不到位，混凝土面不平。

（2）原因分析：

① 有时混凝土梁板同时浇筑，只采用插入式振捣器振捣，板厚控制不准，表面不平。

图5.16 板面标高控制不到位

② 混凝土未达到一定强度即上人操作或运料，混凝土板表面出现凸凹不平的压痕。

③ 模板没有支承在坚固的地基上，垫板支承面不够，以致在浇筑混凝土或早期养护时发生下沉。

（3）防治措施：

① 混凝土板应采用平板式振捣器在其表面进行振捣，有效振动深度约20 cm。大面积混凝土应分段振捣，相邻两段之间应搭接振捣5 cm左右。

② 控制混凝土板浇筑厚度，除在模板四周弹墨线外，还可用钢筋或木料做成与板厚相同的标记，放在浇筑地点附近，随浇随移动。振捣方向宜与浇筑方向垂直，使板面平整，厚度一致，同时拉通线进行找平。

③ 混凝土浇筑完后12 h以内即应浇水养护并设专人负责。必须在混凝土强度达到1.2 MPa以后，方可在已浇筑结构上走动。

④ 一般混凝土养护不少于7 d，对掺用缓凝剂或有抗渗性要求的混凝土，不得少于14 d。

⑤ 混凝土模板应有足够的稳定性、刚度和强度，支承结构必须安装在坚实的地基上，并有足够的支撑面积，以保证浇筑混凝土时不发生下沉。

6. 现浇板裂缝（图5.17）

（1）现象：混凝土浇筑后因干缩、温度应力、加载较早导致板面出现裂缝。

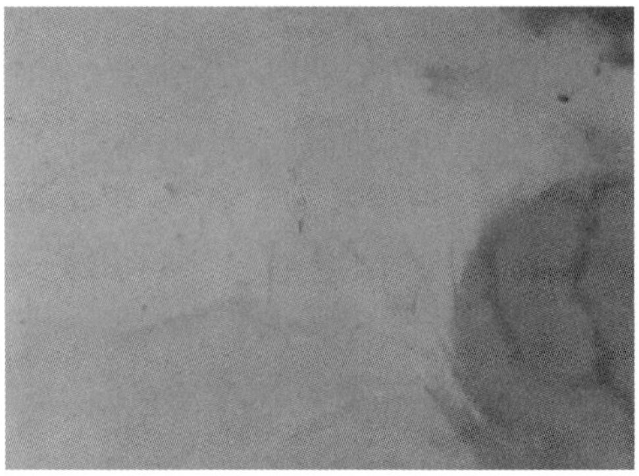

图 5.17　现浇板裂缝

（2）原因分析：

① 混凝土失水产生干缩裂缝，如混凝土早期暴晒或养护不到位。

② 振捣和表面收抹工艺不到位。

③ 混凝土强度未达到要求时加载或支撑体系拆除过早导致开裂。

（3）防治措施：

① 混凝土浇筑后应及时覆盖、浇水养护，并在规定的养护期间始终保持必要的湿润状态。

② 应采用二次振捣和二次抹面的工艺，优先选用机械收抹，提高混凝土密实度，增强抗裂能力。

③ 混凝土强度达 1.2 MPa 前（踩踏无明显痕迹），不得上人和堆载，模板拆除不宜过早。

5.5　钢结构工程

1. 钢结构连接方式错误（图 5.18）

（1）现象：屋面网架主檩条与托板设计为栓接，现场在托板周边增加了焊接，擅自改变设计连接方式。

图 5.18　擅自改变屋面网架主檩条与托板连接方式

（2）原因分析：

① 材料进场时，未对主檩条与托板螺栓孔位置进行检查，螺栓孔错位。

② 作业人员施工随意，擅自更改连接方式。

③ 管理人员现场监管不到位。

（3）防治措施：

① 做好材料验收，并进行试拼。

② 对作业人员进行技术交底及工艺的培训，严格落实设计及规范要求。

③ 现场打磨电焊的连接区域，让主檩与托盘分离，更换主檩条或托板。

④ 强化现场检查、验收工作。

2. 焊缝质量差（图 5.19）

（1）现象：焊缝表面出现裂纹、气孔、夹渣及咬边等现象。

图 5.19　焊缝表面出现裂纹、气孔、夹渣及咬边

（2）原因分析：

① 预热温度未达到工艺最低要求、杂质未清除干净、弧坑未填满或冷却速度过快等引起裂纹。

② 焊条、焊剂受潮未处理，引弧或熄弧位置重叠、焊接时电流大、电弧长或焊接速度快引起气孔。

③ 层间清理不干净，错误的焊接工艺不能保证杂物浮出引起夹渣。

④ 电流过大或过小，电弧过长或焊接速度过快，焊条、焊丝角度不正确，电压过低引起咬边。

（3）防治措施：

① 根据钢材的类别和厚度，焊接前需要预热的，应达到工艺试验规定的参数要求，在焊接过程中，要严格控制层间温度。

② 焊接材料应按规定清理、烘焙、保温。领用后应放置于保温桶中，在大气中不超过 4 h。

③ 清除焊缝部位及其近侧周边 30 mm 范围内的油、水、污。及时清理干净上层焊接的药皮。

④ 选择较小的焊接热输入，严格遵循编制的焊接工艺及所选用的焊接参数进行施工。

3. 钢框架柱轴线偏位（图 5.20）

（1）现象：垂直电梯井钢框架安装中，框架柱轴线偏位。

（2）原因分析：

① 钢柱制作时，未在表面标出钢柱中心线或中心线模糊。

② 预埋螺杆与钢柱柱底螺孔有较大偏差。

③ 安装不准确，对位精度不高。

图 5.20 垂直电梯井钢框架安装偏位

（3）防治措施：

① 钢柱安装前应做详细检查，钢柱柱底中心线一定要标志清晰，便于施工。

② 预埋螺杆与钢柱柱底螺孔有较大偏差时，应适当放大螺孔，方便钢柱准确定位。

③ 安装时在起重机不放钩的情况下，将柱底板上的中心线与柱基处的控制线对齐，缓缓落至设计位置。

4. 钢柱黏结存在缝隙（图 5.21）

（1）现象：悬挂钢结构检修走道上下 H 钢柱连接板不密贴、缝中未加设垫板。

图 5.21 钢柱连接板不密贴

（2）原因分析：

① 基础平面未做处理，标高存在误差。

② 钢柱下料错误。

（3）防治措施：

① 钢柱基础标高控制准确。

② 在缝隙中加设钢垫板。

5. 焊缝未做防腐处理（图 5.22）

（1）现象：站台进站直梯门洞处，钢立柱与梁底连接件焊缝未作防腐处理。

图 5.22 连接件焊缝未防腐处理

（2）原因分析

① 技术交底不清楚，作业标准落实不到位。

② 现场质检人员验收不细致。

（3）防治措施：

① 技术交底明确，焊缝涂装前应严格按照涂料产品除锈标准和设计要求进行除锈，在除锈 24 h 内配涂防锈底漆。

② 强化隐蔽工程的检查验收，在隐蔽验收前焊缝要做防腐处理，刷防锈漆和银粉漆。

5.6 砌体工程

1. 砌体砂浆强度低

（1）现象：砂浆强度不稳定、强度不满足设计要求。

（2）原因分析：

① 水泥、砂、掺和料及外加剂等质量不符合产品标准和施工要求。

② 砂浆未进行配合比设计，计量不准，强度低或离散性大。

③ 搅拌不均匀。

④ 砂浆一次拌制过多，砂浆使用时间超出规范规定，或灰槽中的砂浆不及时翻搅均匀。

⑤ 灰槽内砂浆长时间不清理，砂浆沉底结硬。

⑥ 砂浆用水量控制差，砂浆稠度增大，致使试块强度降低。

（3）防治措施：

① 砌筑砂浆宜采用预拌砂浆。采用现场拌制砂浆时，水泥、砂、掺和料及外加剂冷质进场验收合格。当在使用中，水泥质量受不利环境影响或水泥出厂超过 3 个月、快硬硅酸盐水泥超过 1 个月时，应进行复验，并应按复验结果使用。

② 砂浆应进行配合比设计，现场使用的材料应与砂浆配合比设计所用材料一致；拌制砂浆应采用质量计量。

③ 现场拌制砂浆时，应采用机械搅拌，搅拌时间应符合要求。

④ 现场拌制砂浆应在 3 h 内使用完毕，当施工期间最高气温超过 30 °C 时，应在 2 h 内使用完毕。湿拌砂浆、干混砂浆及其他专用砂浆的使用时间应按厂方提供的说明书确定。

⑤ 拌制的砂浆在灰槽内应随用随翻搅，防止沉底结硬，并不得与新拌制砂浆混用。

2. 砖缝砂浆不饱满（图 5.23）

（1）现象：墙顶部斜砌砖灰缝砂浆不饱满、顶部未嵌塞密实。

图 5.23　墙顶部斜砌砖灰缝砂浆不饱满、顶部未嵌塞密实

（2）原因分析：

① 水泥砂浆和易性差，砌筑时挤浆费劲，砌筑者用大铲或瓦刀铺刮砂浆后，使底灰产生空穴，砂浆不饱满。

② 干砖上墙，使砂浆因早期脱水而降低强度，而干砖表面的粉末起隔离作用，减弱了砖与砂浆的黏结。

③ 铺筑灰过长，砌筑速度跟不上，砂浆中的水分被底砖吸收，使砌体的砖与砂浆失去黏结能力。

④ 砌筑者填缝砂浆随意，现场验收不到位。

（3）防治措施：

① 改善砂浆和易性是确保灰缝砂浆饱满和提高黏结强度的关键。

② 改进砌筑方法：不得采取推尺铺灰法或摆砖砌筑，应推广“三一砌筑法（一块砖、一铲灰、一挤揉）”或“2381 砌筑法（两种步法、三种身法、八种铺灰手法、一种挤浆动作）”。

③ 严禁用干砖砌墙，冬期施工时，应将砖面适当润湿后再砌筑。

④ 强化现场技术交底及作业标准落实，严格验收。

3. 墙体通缝（图 5.24）

（1）现象：砖砌电梯井道，墙体交接处存在竖向通缝。

图 5.24 墙体交接处存在竖向通缝

（2）原因分析：

① 组砌时未进行排砖，砌筑随意。

② 砌筑时块材相互搭砌、上下错缝不符合要求。

（3）防治措施：

① 砌筑前，应根据墙面实际尺寸进行策划，预先进行墙体排砖。

② 墙砌筑前，砖砌体组砌时内外砖块应搭砌，上、下错缝，混水墙中不得有长度大于 300 mm 的通缝，长度 200～300 mm 的通缝每间不超过 3 处，且不得位于同一面墙体上。

4. 构造柱遗漏（图 5.25）

（1）现象：两道墙体丁字形相交部位，未施作构造柱。

图 5.25 相交部位未施做构造柱

（2）原因分析：

① 技术交底不清楚，未明确构造柱位置。

② 现场放样存在误差，未预埋构造柱钢筋。

③ 施工随意，存在偷工减料行为。

（3）防治措施：

① 技术交底明确、位置准确，严格按照规范要求设置构造柱。构造柱施工应符合下列要求：

• 马牙槎应采取先退后进、对称砌筑的形式，进退尺寸应大于 60 mm，高度应为 300 mm 左右，马牙槎上口宜为 45°斜角。

• 钢筋施工应绑扎牢固，加密区箍筋应按照设计要求加密。水平钢筋竖向间距小于 500 mm，每层放置不少于 2 根，墙厚每增加 120 mm 应增设 1 根。拉接筋应伸入构造柱内，并超过柱中心线。

② 砌筑前现场准确标记构造柱的位置，做好钢筋预埋。

③ 现场将砖墙剔凿，预留马牙槎，重新浇筑构造柱。

5. 过梁遗漏（图 5.26）

（1）现象：墙上开孔洞宽 2.6 m 安装风管，未设钢筋混凝土过梁。

图 5.26　未设钢筋混凝土过梁

（2）原因分析：

① 现场交底不清楚，未明确过梁位置。

② 施工前未优化管道布位置，随意凿墙开孔。

（3）防治措施：

① 技术交底中明确过梁位置，标识清楚。

② 加强各专业之间的配合，结合设计提前排布各类管线。

5.7 幕墙工程

1. 骨架角码位置错误（图5.27）

（1）现象：出站通道墙面干挂石材饰面，个别角码连接螺栓固定在砖与混凝土梁之间的灰缝上。

图5.27 个别角码连接螺栓固定在砖与混凝土梁之间灰缝上

（2）原因分析：

① 图纸审核不清楚，技术交底不到位。

② 现场未严格按照交底施工、现场遗漏。

③ 现场管理人员检查不细致。

（3）防治措施：

① 仔细阅读施工图纸，强化技术交底复核，严格落实三级技术交底。

② 对作业人员进行培训，严格落实作业标准。

③ 现场对混凝土进行钻孔，预埋角码并用环氧树脂填充。

④ 严格落实施工工序作业“三检”制度，责任落实到人。

2. 短槽挂件安装错误（图5.28）

（1）现象：门窗洞口上檐最底层干挂石材板为悬空，短槽挂件安装在次龙骨底部。

图5.28 短槽挂件安装错误

（2）原因分析：

① 技术交底不清楚。

② 作业人员未按照交底施工，施工随意。

③ 现场管理人员检查不细致。

（3）防治措施：

① 对各级人员进行三级技术交底。

② 对作业人员进行培训，严格落实作业标准。

③ 现场将短槽挂件调整安装在次龙骨上部。

④ 严格落实施工工序作业“三检”制度，责任落实到人。

3. 水平钢龙骨与玻璃幕墙立柱相连（图 5.29）

（1）现象：包梁装饰铝板水平钢龙骨与玻璃幕墙立柱焊接连接，两者构造、受力形式不同，且受温度影响后变形不同步。

图 5.29　水平钢龙骨与玻璃幕墙立柱相连

（2）原因分析：

① 现场对工艺工法交底不清楚、不细致。

② 现场下料错误。

③ 作业班组凭经验作业，施工随意。

（3）防治措施：

① 对技术人员进行工艺工法培训，技术交底清楚。

② 严格按照设计图纸配料。

③ 对作业人员进行培训，强化标准落实。

④ 现场将包梁装饰铝板水平钢龙骨与玻璃幕墙立柱龙骨断开，并在断开的龙骨上加角钢固定，使其自由端小于 30 cm，这样就不会出现因温度影响变形不同的问题。

4. 立柱底部地基空洞（图 5.30）

（1）现象：外挂铝单板竖向立柱底部地基不实，存在空洞。

图 5.30 立柱底部地基不实

（2）原因分析：

① 基础标高不准确，表面未找平。

② 现场抢工期，工序交叉作业。

（3）防治措施：

① 柱脚基础标高要准确，表面应仔细找平。柱脚基础可采用以下方法施工：

• 柱脚基础支承面一次浇筑到设计标高并找平，不再浇筑水泥砂浆找平层。

• 将柱脚基础混凝土浇筑到比设计标高低 40～60 mm 处，然后用细石混凝土找平至设计标高，找平时应采取措施，保证细石面层与基础混凝土紧密结合。

② 组织好现场工序施工，利用垫钢板的方法将钢柱底部不平处垫平。

5. 钢构件焊缝咬边（图 5.31）

（1）现象：水平龙骨与竖向立柱连接处，水平龙骨端部烧伤，未与竖向立柱可靠焊接。

图 5.31 水平龙骨与竖向立柱连接处焊接烧伤

（2）原因分析：

① 电流太大，操作不当。

② 电弧过长或匀调角度不当。

③ 焊接位置不当。

（3）防治措施：

① 咬边处会造成应力集中，降低结构承受动荷的能力和降低疲劳强度。为避免产生咬边缺陷，在施焊时应正确选择焊接电流和焊接速度，掌握正确的运条法，采用合适的焊条角度和电弧长度。

② 可以用车削、打磨、铲或碳弧气刨等方法清除多余的焊缝金属或部分母材，清除后所存留的焊缝金属或母材不应有割痕或咬边。清除焊缝不合格部分时，不得过分损伤母材；修补焊接前，应先将待焊接区域清理干净；修补焊接时所用的焊条直径要略小，一般不宜大于直径 4 mm。

6. 挂件槽口端部距石板端部尺寸与规范要求不符（图 5.32）

（1）现象：不锈钢挂件槽口距石板端部距离达 48 cm。

图 5.32　不锈钢挂件槽口距石板端部距离达 48 cm

（2）原因分析：

① 技术交底不清楚或作业人员配料未落实规范要求，施工过程中凭经验施工。

② 现场管理人员检查不细致。

（3）防治措施：

① 对作业人员进行技术交底培训，严格落实技术及规范要求。

② 现场对石材重新开槽，槽口端部与石板对应端部的距离不小于板厚的 3 倍和 8.5 cm，不大于 18 cm。

③ 严格落实施工工序作业“三检”制度，责任落实到人。

7. 钢龙骨对应的结构变形缝遗漏（图 5.33）

（1）现象：旅客进出站地道边墙干挂石材，后加设的纵向角钢龙骨在结构变形缝处未断开设缝。

（2）原因分析：

① 技术人员对施工工艺不了解，导致技术交底不清楚。

② 作业人员施工随意，作业时施工缝遗漏。

（3）防治措施：

① 对技术人员进行工艺培训，熟练掌握施工缝设置要求，正确指导现场作业。

② 强化作业人员技术交底的培训，严格落实作业标准。

图 5.33 纵向角钢龙骨在结构变形缝处未断开设缝

5.8 吊顶工程

1. 屋面渗水（图 5.34）

（1）现象：屋面天沟有的部位存在渗水质量缺陷，雨水沿墙体流入室内。

（a）

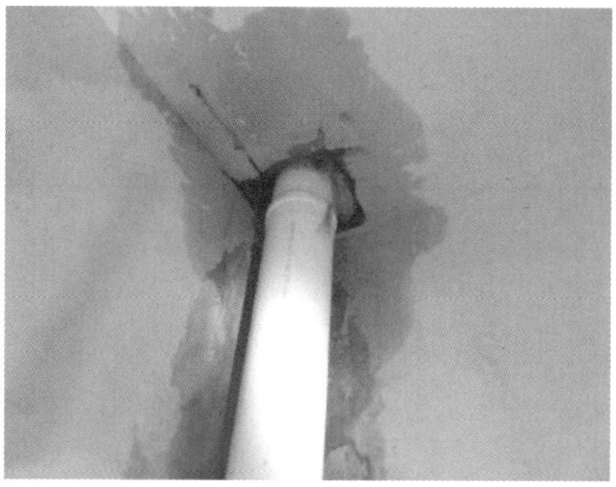

（b）

图 5.34 屋面渗水

（2）原因分析：

① 屋面有的洞口、孔口未及时封堵或施工不到位。

② 防水卷材破损或有气泡、空洞。

③ 抗裂砂浆厚度或强度不足。

④ 作业人员业务技能不熟练，施工随意。

（3）防治措施：

① 屋面预留洞口按照设计要求进行封堵。

② 防水卷材和抗裂砂浆质量进行严格验收。

③ 加强对作业人员施工工艺的培训，严格落实作业标准。

2. 屋面防水层裂缝（图 5.35）

（1）现象：站台风雨棚屋面，防水层细石混凝土保护层表面存在多处裂纹质量缺陷。

图 5.35　防水层细石混凝土保护层表面存在多处裂纹

（2）原因分析：

① 防水层上部有积水未清理，就进行细石混凝土施工。

② 细石混凝土质量不达标。

③ 细石混凝土施工完毕未及时洒水养护。

（3）防治措施：

① 将屋面积水及杂物清理干净，验收合格后方可进行细石混凝土施工。

② 严控细石混凝土质量。

③ 对防水层细石混凝土保护层裂纹部位采用高强度等级抗裂砂浆重新找补处理。

④ 混凝土浇筑完毕后及时洒水养护。

3. 钢龙骨与墙体连接处未设置变形缝（图 5.36）

（1）现象：候车厅吊顶转换层钢龙骨端部与墙体贴紧无龙骨伸缩变形间距。

（2）原因分析：

① 作业人员对技术交底不清楚。

② 配料尺寸错误。

③ 现场管理人员监管不到位。

图 5.36　钢龙骨端部与墙体贴紧无龙骨伸缩变形间距

（3）防治措施：

① 对作业人员进行技术交底培训，严格落实作业标准。

② 将转换层龙骨端头切除 3 cm，和墙体之间留出变形距离，满足变形要求。

③ 强化现场检查、验收工作。

4. 吊顶反支撑漏设（图 5.37）

（1）现象：站房内吊顶角钢吊杆长 3 m 左右，未设置反支撑。

图 5.37　吊顶反支撑漏设

（2）原因分析：

① 现场技术交底不清楚，作业人员对作业标准不清楚。

② 现场吊顶尺寸未进行复核。

③ 现场管理人员监管不到位。

（3）防治措施：

① 对作业人员进行技术交底培训，严格落实作业标准。

② 在吊杆处采用倒三角斜撑进行加固。

③ 强化现场过程管控工作。

第 6 章　通信信号工程

通信信号直接指挥列车运行，被誉为列车的耳朵和眼睛，其工程质量与运营秩序和安全紧密相关，该工程大多是电气设备的安装与调试，与土方工程接口较多。通信设备安装是否牢固正确、接口衔接是否准确完整，将直接影响通号工程质量。本章从室外设备安装、光（电）线路工程、室内设备安装、室内防雷接地安装及设计问题等方面列举了一些质量问题，简要分析了原因，并提出了防控措施。

6.1　室外设备

6.1.1　设备安装

1. 信号机发车表示器未居中安装（图 6.1）

（1）现象：出站信号机发车表示器未居中安装。

图 6.1　出站信号机发车表示器未居中安装

（2）原因分析：

① 现场技术交底不清楚或对技术规程、施工技术标准执行不到位。

② 作业人员业务水平不达标，凭经验施工。

③ 项目部检查验收不细致。

（3）防治措施：

① 对各级技术人员、作业人员进行层层技术交底，严格按照《高速铁路信号工程施

工技术规程》Q/CR 9607—2015 进行施工，将出站信号机发车表示器居中安装。

② 对作业人员进行技能培训教育，提高作业人员技术业务水平，考核合格后方可上岗作业。

③ 加强内部管理、责任到人，做好过程管控。

2. 矮型进站信号机机构未安装连接器（图 6.2）

（1）现象：下行进站信号机四显示机构未安装连接器，不符合《铁路技术管理规程》的要求。

图 6.2　下行进站信号机四显示机构未安装连接器

（2）原因分析：

① 现场技术交底不到位，现场作业人员不知道进站信号机四显示机构是否需要安装连接器。

② 现场作业人员对技术规程、施工技术标准执行不到位。

③ 技术人员管理不到位，现场施工指导不到位。

④ 项目部检查验收不细致。

（3）防治措施：

① 对各级技术人员、作业人员进行层层技术交底，严格按照《高速铁路信号工程施工技术规程》Q/CR 9607—2015 进行施工。

② 对作业人员进行技能培训教育，提高作业人员技术业务水平，考核合格后方可上岗作业。

③ 加强内部管理、责任到人，做好过程管控。

3. 出发信号机机构底部未在同一水平线上（图 6.3）

（1）现象：出发信号机二显示、三显示机构底部未在同一水平线上，不符合《铁路技术管理规程》的要求。

图 6.3　出发信号机机构底部未在同一水平线上

（2）原因分析：

① 现场技术交底不清楚、不详细或作业人员业务水平不高，对技术标准落实不到位。

② 作业人员责任心不强，施工随意。不知道出发信号机二显示、三显示机构底部应当在同一水平线上安装。

③ 项目部检查验收不细致。

（3）防治措施：

① 对各级人员进行三级技术交底，明确安装技术标准。对作业人员进行技术交底培训。

② 对作业人进行教育培训，提高责任心。

③ 按《铁路技术管理规程》的要求，现场将出发信号机二显示、三显示机构底部安装在同一水平线上。

④ 加强内部管理、责任到人，做好过程管控。

4. 信号机机构未做接地连接（图 6.4）

（1）现象：室外信号机未做接地连接。

图 6.4　室外信号机未做接地连接

（2）原因分析：

① 技术交底不清楚。

② 作业人员责任心不足，作业过程有遗漏。

③ 现场管理人员检查不细致。

（3）防治措施：

① 对各级人员进行技术交底，使其清楚标准，对作业人员进行技术交底培训。

② 对作业人员进行业务技能培训，增强其责任心，仔细检查作业过程。

③ 根据《车站防雷接地》通号〔2008〕9201的规定，对室外信号机构做接地连接。

④ 加强内部管理、责任到人，做好检查验收工作。

5. 信号机内部配线穿孔未做防护（图6.5）

（1）现象：室外S7出发信号机内部软线穿孔处无防护措施。

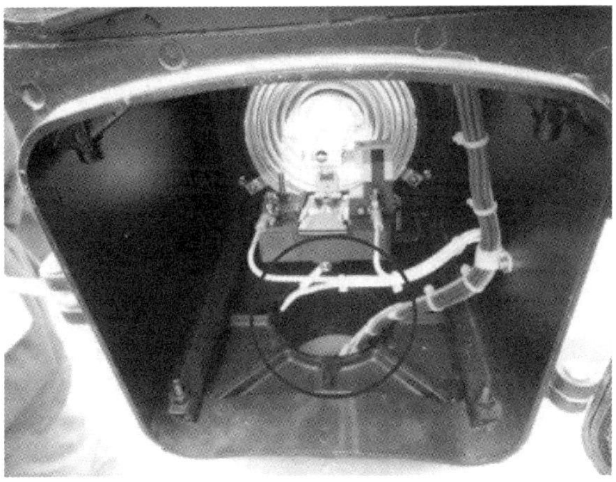

图6.5　信号机内部配线穿孔未做防护

（2）原因分析：

① 技术交底不清楚，作业人员对成品保护以及防护措施落实不到位。

② 作业人员业务水平不高，对此项工序不熟悉。

③ 作业前，项目部未将信号机机构内部配线的防护要求详细地对作业人员进行技术交底。

④ 现场管理人员检查不仔细。

（3）防治措施：

① 技术交底清楚，并对作业人员进行技术交底培训。

② 对作业人员业务技能进行培训。作业前，项目部对信号机施工各类注意事项逐一详细地对作业人员进行技术交底，让作业人员熟知各施工工序要求。

③ 按《高速铁路信号工程施工质量验收标准》TB 10756—2010第5.2.8条规定对所有信号机机构软线把穿孔进行包扎防护，确保设备安全可靠使用。

④ 加强内部管理、责任到人，做好检查验收工作。

6. 信号机机构及基础固定螺栓不合规（图6.6）

（1）现象：X3出站信号机机构及基础固定螺栓长度不足、未配置放松螺母。

（a）

（b）

图 6.6　信号机机构及基础固定螺栓不合规

（2）原因分析：

① 对作业人员技术交底不到位，交底不够详细。

② 现场配料错误，物资采购的构配件螺杆偏短，未按要求配备防松螺母。

③ 作业人员业务水平不高，未熟练掌握工艺标准，施工随意。

④ 现场技术管理人员检查不细致、验收不到位。

（3）防治措施：

① 对作业人员进行技术交底培训，熟练掌握作业标准。

② 现场严格按照设计图纸及交底配备材料。

③ 严格按照技术标准要求，每个螺栓必须要配备防松螺母，每个螺栓处，螺母拧上后，螺杆要露头。

④ 加强内部管理、责任到人，做好过程管控。

7. 箱盒地线搭接不符合标准（图 6.7）

（1）现象：箱盒地线搭接未使用热缩带处理，地线未采用黄绿色地线。

图 6.7　箱盒地线搭接不符合标准

（2）原因分析：

① 现场技术交底不清楚。

② 作业人员现场技能不高，对技术标准要求不熟悉，乱拉乱接。

③ 现场管理人员检查不细致。

（3）防治措施：

① 对作业人员进行技术交底，严格按照要求，箱盒地线与贯通地线搭接处使用热缩带处理，箱盒地线按要求使用专用的黄绿色地线。

② 加强作业人员技能培训以及技术交底工作，提高作业人员业务水平。

③ 加强内部管理、责任到人，做好检查验收工作。

8. 进站口处双体盒连接线连接不符合要求

（1）现象：进站口处双体盒内（空心线圈与调谐匹配单元背靠背安装），钢轨连接线全部连接在空芯线圈端子上，不符合验标以及技术标准要求。

（2）原因分析：

① 现场技术交底不清楚或因进站口处双体盒安装比较特殊，与区间安装方式不同，作业时项目部未做重点交底。

② 作业人员业务水平不强且责任心不强。

③ 现场管理人员检查不细致。

（3）防治措施：

① 技术交底清楚，并对作业人员进行技术交底培训，重点强调进站口处轨道设备的安装方式及要求。

② 对作业人员业务技能进行培训。

③ 严格按照技术标准要求，将 4 根钢轨连接线分别连接在空心线圈以及调谐匹配单元上面。

④ 加强内部管理、责任到人，做好检查验收工作。

9. 补偿电容化学锚栓螺栓外露过长（图 6.8）

（1）现象：信号专业无砟道床补偿电容安装化学锚栓螺栓外露过长。

图 6.8 补偿电容化学锚栓螺栓外露过长

（2）原因分析：

① 现场配备化学锚栓螺栓尺寸不符合要求。

② 化学锚栓螺栓预埋打孔过浅，后续植锚栓后，化学锚栓螺栓外露过长。

④ 未按技术要求使用改装后有标尺的电动工具。

⑤ 现场管理人员检查不细致。

（3）防治措施：

① 严格按照验收标准以及技术标准要求，配备符合要求的化学锚栓螺栓。

② 使用专门用于化学锚栓螺栓打孔的电动工具，按照标尺把握孔深浅。

③ 严格按照技术标准要求，对外露过长螺栓进行重新打孔整改（对偏差不大的螺栓可对外露过长部分进行切割处理）。

④ 加强内部管理、责任到人，做好检查验收工作。

6.1.2 轨旁设备

1. 轨道电路箱盒内芯线封闭成环

（1）现象：站内方向盒内个别轨道电路芯线封闭成环。

（2）原因分析：

① 对作业人员技术交底不到位，作业人员对电路芯线封闭成环影响电路的电气性能不了解。

② 作业人员业务水平不高，电缆配线过程中凭经验进行，在绑扎捋线时将电路芯线封闭成环，未按照新标准新要求进行施工。

③ 现场管理人员检查不细致。

（3）防治措施：

① 项目部做好三级技术交底工作，对各级技术人员、作业人员进行层层技术交底。轨道电路用的箱盒配线芯线若封闭成环，会影响电气性能以及该轨道区段的稳定，施工时芯线不能封闭成环。

② 对作业人员进行技能培训，提高作业人员技术业务水平，严格按照《高速铁路信号工程施工质量验收标准》TB 10756—2010 进行施工。

③ 加强内部管理、责任到人，做好过程管控。

2. 轨道电路电缆在基础围桩、电缆井位置封闭成环（图 6.9）

（1）现象：轨道电路电缆在基础围桩位置、电缆井位置封闭成环。

（a）

（b）

图 6.9 轨道电路电缆在基础围桩、电缆井封闭成环

（2）原因分析：

① 对作业人员技术交底不到位，交底不够详细。

② 施工后未对预留电缆进行整理。

③ 项目部检查不细致，未能及时发现问题。

（3）防治措施：

① 对作业人员进行技术交底，了解轨道电缆区段电路封闭成环，影响轨道电路电气

性能。

② 对作业人员进行技能培训，提高施工技术水平。

③ 按《高速铁路信号工程施工质量验收标准》TB 10756—2010 要求施工，对预留过长而封闭成环的电缆进行整改，使其不能封闭成环。

④ 加强内部管理、责任到人，做好过程管控。

3. 有源应答器电缆钢带、铝护套、泄流线未引出

（1）现象：进站口有源应答器电缆钢带、铝护套、泄流线未引出。

（2）原因分析：

① 对作业人员技术交底不到位，交底不够详细。

② 作业人员业务水平不高。

③ 现场管理不到位，检查不细致。

（3）防治措施：

① 对各级人员进行三级技术交底，交底清楚，使其明确标准。对作业人员进行技术交底培训。

② 加强作业人员的业务技能培训，考核合格方可上岗作业。

③ 按《应答器数据传输电缆技术条件》运基信号〔2005〕431 号要求，对进站口有源应答器电缆钢带、铝护套、泄流线用接地连接卡及 7×0.52 多股铜线引出，最后与应答器尾缆的金属屏蔽网线在终端盒内连接。

④ 加强内部管理、责任到人，做好检查验收工作。

4. 机械绝缘节空心线圈与防雷单元连接线超 50 cm（图 6.10）

（1）现象：进站口机械绝缘节空心线圈与防雷单元分开安装，连接线超过 50 cm。

图 6.10　机械绝缘节空心线圈与防雷单元连接线超 50 cm

（2）原因分析：

① 对作业人员技术交底不到位，交底不够详细或安装标准落实不到位。

② 作业人员业务技能不熟练，安装随意。

③ 现场管理人员检查验收不细致。

（3）防治措施：

① 对各级人员进行技术交底，使其标准清楚。对作业人员进行技术交底培训。

② 对作业人员进行业务技能培训，考核合格后方可上岗作业。

③ 严格按《高速铁路信号工程施工质量验收标准》TB 10756—2010 的规定将进站口机械绝缘节空心线圈与防雷单元安装在同一基础上，取消两个基础安装方式（背靠背安装）。进站口处安装在同一基础上后，还要保证机械绝缘节空心线圈与防雷单元连接线小于 50 cm。

④ 加强内部管理、责任到人，做好检查验收工作。

5. 电缆成端引出的 7×0.52 地线无胶管（图 6.11）

（1）现象：室外电缆成端引出的 7×0.52 地线双线做环无胶管。

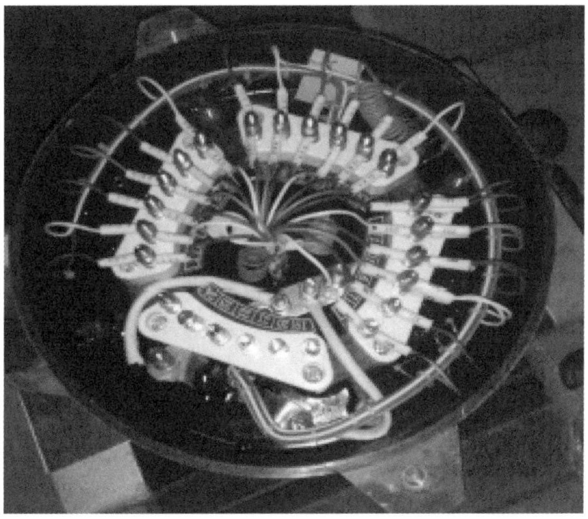

图 6.11　电缆成端引出的 7×0.52 地线无胶管

（2）原因分析：

① 现场技术交底不清楚、不够详细。

② 作业人员责任心不足，对项目部下发的技术标准执行不到位。

③ 现场管理人员检查不细致。

（3）防治措施：

① 对各级人员进行技术交底，使其清楚标准，对作业人员进行技术交底培训。

② 对作业人员进行业务技能培训，增强责任心，严格执行技术标准。

③ 根据首件定标以及施工工艺标准要求，对室外电缆成端引出的地线线环加胶管。

④ 加强内部管理、责任到人，做好检查验收工作。

6. 隧道内信号设备占用应急通道（图 6.12）

（1）现象：隧道进站信号机、扼流变压器在同一断面上，占用隧道应急通道。

图 6.12　隧道内信号设备占用应急通道

（2）原因分析：

① 设计单位对隧道进站口特殊位置的信号设备安装考虑不周。

② 对施工技术标准、作业指导书落实不到位。

（3）防治措施：

① 强化设计图纸复核，与实际不符的及时变更。

② 现场信号机尽量向线路侧进行移设，断开信号机基础支架与隧道壁的连接形成通道（经现场测量，基础边缘至隧道壁满足不小于 800 mm 的空间通道），基础支架另行加工，加强地面固定设施，为不影响其他设备的安全使用，信号机可按前后间隔 1 m 设置，同时可适当将提高机构高度。

7. 箱盒连接螺栓不符合标准（图 6.13）

（1）现象：箱盒安装连接螺栓使用不符合标准。

图 6.13　箱盒连接螺栓不符合标准

（2）原因分析：

① 技术交底不清楚或作业标准落实不到位。

② 物资采购的箱盒连接螺栓尺寸过长或配料错误。

③ 现场管理人员检查不细致、验收不到位。

（3）防治措施：

① 对现场进行技术交底，严格按照验收标准以及技术标准要求作业。

② 严格对小构配件的质量进行把关，对符合要求的构配件进行清场处理，杜绝不合格产品上道安装使用。现场增加一个防松螺母。

③ 加强内部管理、责任到人，做好检查验收工作。

6.2 光（电）线路工程

6.2.1 光（电）线路敷设

1. 光电引入口未封堵

（1）现象：室内各种光电缆引入口未封堵或封堵不规范，导致鼠害及防火隐患。

（2）原因分析：

① 施工人员技术交底不彻底、不细致。

② 施工人员未按封堵操作要求实施封堵作业。

③ 因入口封堵处于施工工序的末端，施工作业人员容易忘记或遗漏。

（3）防治措施：

① 加强对施工人员进行技术交底并对交底内容进行考核。

② 加强作业人员施工规范及施工工艺技术培训，培训合格后方可作业。

③ 加强施工项目梳理流程，组织专人定期检查，确保各项工序完整、质量合格。

2. 敷设后电缆绝缘不合格

（1）现象：电缆安装完成后绝缘测试不合格。

（2）原因分析：

① 电缆敷设前未进行测试。

② 电缆切割后未及时封端或封端不合格。

③ 电缆接续时未及时灌胶或接续质量不合格。

（3）防治措施：

① 电缆敷设前，必须经测试合格。

② 电缆在测试、敷设（预配）切割时，按要求做好封端。

③ 回填电缆沟时将所有电缆头朝下埋设。

④ 严禁在雨、雪等潮湿的环境下接续电缆。

⑤ 电缆接续时，施工人员必须持证上岗，并严格按操作程序施工。

3. 电力电缆与通信电缆混放（图 6.14）

（1）现象：××车站电力电缆从站台至站房的引下电缆爬架 10 kV 高压电缆和低压照明、信息电缆未分开隔离。

图 6.14 电力电缆与通信电缆混放

（2）原因分析：

① 现场技术交底不清楚。

② 作业人员现场施工未按设计规范及验收标准要求实施。

③ 现场管理人员督促检查不仔细、不彻底。

④ 与电力专业对接沟通不彻底。

（3）防治措施：

① 对作业人员进行技术交底，严格按照设计规范及验收标准中缆线与其他管线的间距规定作业。

② 加强对作业人员技能培训以及技术交底，提高作业人员业务水平。

③ 加强内部管理、责任落实到人，做好检查验收工作。

④ 加强与电力专业技术人员的沟通联系。

6.2.2 电缆保护

1. 电缆槽道内光电缆损伤（图 6.15）

（1）现象：槽道内光电缆外皮或纤芯被盖板砸伤、砸断或被机械损伤。

（2）原因分析：

① 交叉作业导致其他专业的架子或工具、设备等不慎落入槽道内损伤光电缆。

② 其他专业队伍二次施工掀开槽道盖板及铺设盖板过程中不慎将盖板落入槽道中，导致砸伤光电缆。

③ 施工中隧道内照明不足，作业人员不慎踩落盖板造成光电缆的砸伤。

图 6.15 电缆槽道内光电缆损伤

（3）防治措施：

① 各专业交叉施工时，应明确和相关专业进行技术交底。

② 加强内部管理、责任落实到人，做好巡视检查工作。

③ 及时掌握其他专业二次施工时间，指派专人配合、监督及保护光电缆。

④ 隧道内光电缆敷设施工完毕后应及时恢复盖板，防止人员或工器具不慎落入。

6.3 室内设备安装

6.3.1 室内设备安装及预留件设置

1. 设备安装不规范、不符合要求

（1）现象：机柜组立参差不齐，设备安装不规范。

（2）原因分析：

① 技术及施工人员对施工规范及工艺标准掌握不透彻，没有完全按照施工图标准施工。

② 施工人员没有严格按照施工图及施工工艺进行设备安装。

③ 对实地没有用水平及垂直基准校准，采用粗略估计测量的方式确定安装位置。

（3）防治措施：

① 加强对技术及施工人员施工图、施工规范及工艺标准的技术培训及考核。对考试不合格次数达到一定程度的技术人员实行绩效考核。

② 加强对施工人员的技术交底，做到施工标准全面透彻、图纸规范清晰明了。

③ 加强现场施工人员测量基础知识培训，针对各个环节的施工测量重点培训考核，摒弃传统测量方式，采用现代科学测量方法。

2. 设备成品保护及防尘不规范（图 6.16）

（1）现象：站房土建专业施工与通号专业施工交叉，不能满足通号设备防尘要求。

图 6.16　设备成品保护及防尘不规范

（2）原因分析：

① 现场技术交底不清楚。

② 作业人员现场施工对其他专业成品保护意识性不强。

③ 现场管理人员督促检查不仔细、不彻底。

④ 与房建专业对接沟通不彻底。

（3）防治措施：

① 加强对作业人员进行成品保护交底，严格按照成品保护要求作业。

② 加强对作业人员成品保护培训以及交底，提高作业人员大局意识。

③ 加强内部管理，将通号设备直行遮盖，做好防尘措施。

④ 发现设备或线缆损坏时，及时与相关专业技术人员沟通联系并协商解决方案。

3. 金属线槽安装不符合要求，形成闭环（图 6.17）

（1）现象：通信机械室金属线槽封闭成环，存在质量隐患

图 6.17　金属线槽封闭成环

（2）原因分析：

① 现场技术交底不清楚。

② 作业人员现场安装通信机械室金属线槽未按走线槽/架安装规定操作。

③ 现场管理人员督促检查不仔细、不彻底。

④ 作业人员工作责任心不强，不负责任。

（3）防治措施：

① 对作业人员进行技术交底，严格按照设计规范及验收标准中走线槽/架安装规定施工。

② 加强对作业人员的技能培训以及技术交底，提高作业人员操作水平。

③ 对通信机械室金属线槽连接处使用绝缘垫片隔开。

④ 加强内部管理、责任落实到人，做好检查验收工作。

4. 室内预留沟槽管洞遗漏或错位

（1）现象：安装槽道时找不到预留沟槽位或槽道安装不在一条直线上。

（2）原因分析：

① 现场技术交底不清楚。

② 作业人员现场未按设计图纸施工，对施工图理解不到位。

③ 现场管理人员督促检查不仔细、不彻底。

④ 专业接口对接沟通不彻底。

（3）防治措施：

① 对作业人员进行技术交底，严格按照设计图纸所预留沟槽管洞位置及尺寸大小施工。

② 加强对作业人员的技能培训以及技术交底，提高作业人员业务水平。

③ 加强内部管理、责任落实到人，做好检查验收工作。

④ 加强专业间技术沟通联系。

5. 室内未引出接地端子

（1）现象：设备接地时找不到接地端子。

（2）原因分析：

① 现场技术交底不清楚。

② 作业人员现场未按设计图纸施工，对施工图理解不到位。

③ 现场管理人员督促检查不仔细、不彻底。

④ 专业接口对接沟通不彻底。

（3）防治措施：

① 对作业人员进行技术交底，严格按照设计图纸所预留沟槽管洞位置及尺寸大小施工。

② 加强对作业人员的技能培训以及技术交底，提高作业人员业务水平。

③ 加强内部管理、责任落实到人，做好检查验收工作。

④ 加强专业间技术沟通联系。

6. 金属线槽绝缘不符合要求（图 6.18）

（1）现象：信号机房金属走线槽（地槽）未与地面绝缘。

图 6.18 金属线槽绝缘不符合要求

（2）原因分析：

① 现场技术交底不清楚。

② 作业人员现场安装信号金属线槽（地槽）未按设计要求施工。

③ 现场管理人员督促检查不仔细、不彻底。

④ 作业人员工作责任心不强，不负责任。

（3）防治措施：

① 对作业人员进行技术交底，严格按照设计规范及线槽（地槽）安装。在地面上安装时采用橡胶垫与地面隔离，以与地面绝缘。

② 加强对作业人员的技能培训以及技术交底，提高作业人员操作水平。

③ 加强内部管理、责任落实到人，做好检查验收工作。

6.3.2 设备检验

1. 信号室内设备未送电务段检验（图 6.19）

（1）现象：信号室内防雷单元、匹配防雷调整器，未经电务段检验。

图 6.19 信号室内设备未送电务段检验

（2）原因分析：

① 对作业人员技术交底不到位，未很好明确该设备需送检后使用，作业人员直接从库房领用到现场安装。

② 物资管理混乱，对信号专业关键部件设备未经电务段检验便使用，未检先用。

③ 现场检查不细致，未及时发现问题。

（3）防治措施：

① 项目部对各级人员进行技术交底，明确哪些设备必须经检验后方可上道安装。

② 加强库房管理，未经检验合格的设备不发货到现场。

③ 加强内部管理、责任到人，做好过程管控。

6.3.3 设备配线

1. 移频柜电源环线未加去向胶管（图6.20）

（1）现象：信号机房移频柜电源环线未加去向胶管，不符技术标准要求。

图6.20 移频柜电源环线未加去向胶管

（2）原因分析：

① 技术交底不清楚或标准落实不到位。

② 作业人员业务水平不高，责任心不强，配线时，未对信号机房移频柜电源环线加去向胶管。

③ 现场管理人员检查不细致。

（3）防治措施：

① 技术交底清楚，对作业人员进行交底培训。

② 严格按照技术标准要求，对信号机房移频柜电源环线每根线路端头加去向胶管。

⑤ 加强内部管理、责任到人，做好检查验收工作。

2. 轨道电路配线错误导致红光带

（1）现象：×××线路所在试验过程中，作业人员误将 3DG 相连的一根分支并联线连接到了 5DG，且现场未进行检查核对，导致轨道电路红光带。

（2）原因分析：

① 技术交底不到位，现场配线未进行核对。

② 作业人员业务水平不高且责任心不强。

③ 现场管理人员检查不细致。

（3）防治措施：

① 加强作业人员的技术培训工作，提升作业人员素质。

② 对作业人员进行业务技能培训。

③ 严格按照配线图并与现场实际核对后，进行重新连线，连线后进行单项试验，确保试验到位，电路功能正确。

④ 加强内部管理、责任到人，做好检查验收工作。

3. 设备配线杂乱

（1）现象：各种线缆因为种种原因致使其打结、交叉、布放杂乱、漏贴标签及标签脱落遗失。

（2）原因分析：

① 技术及施工人员对施工规范及验收标准掌握不透彻，业务不熟练，缺乏设备配线的系统培训及现场施工经验。配线作业不认真、不仔细造成配线杂乱、交叉错乱、标签遗漏等问题。

② 标签质量差，粘贴性不足，粘贴后容易破损、脱落或丢失。

③ 质量效果没有得到有效反馈及确认。质量管控措施不够完善。

（3）防治措施：

① 加强对技术及施工人员施工图、施工规范的技术培训及考核。不定期举办设备配线技术比武，增强施工技术人员配线业务水平，积累配线及贴标签工作经验。

② 购买质量良好的标签，做到整齐、统一，粘贴牢固，定期巡查补漏。

③ 制定并完善质量管控措施，每个工序完成后有相关人员及时反馈现场施工情况，对未完成的施工遗漏问题做记录并督促作业人员及时处理。

6.4 室内防雷接地安装

1. 电缆间接地铜牌过长（图 6.21）

（1）现象：信号电缆间电缆一次侧接地铜排过长与墙体接触。

图 6.21 电缆间接地铜牌过长

（2）原因分析：

① 对现场技术交底不清楚。

② 现场铜排过长，现场安装时作业人员责任心不强，对过长的铜排未进行修短。

③ 现场管理人员检查不细致。

（3）防治措施：

① 项目部对各级人员进行技术交底。对作业人员进行交底培训。

② 对各级管理施工人员进行工艺培训，严格落实工艺技术标准。

③ 现场对过长的铜排进行修短。

③ 加强内部管理、责任到人，做好过程管控。

2. 模拟网络分线柜 FLE 地线不按要求接至屏蔽地线汇流排（图 6.22）

（1）现象：模拟网络分线柜 FLE 地线未接至屏蔽地线汇流排，不符合标准要求。

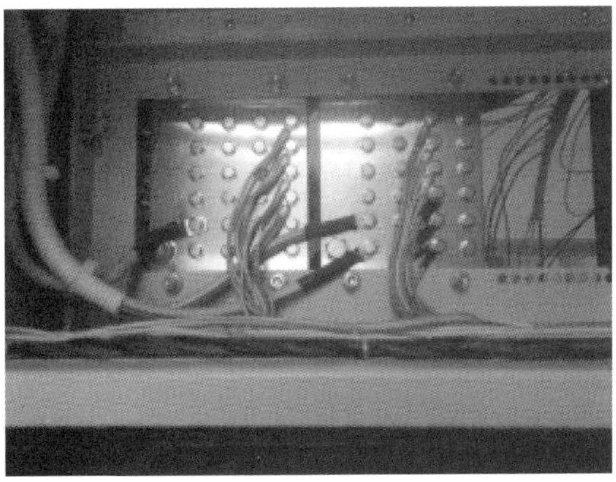

图 6.22 模拟网络分线柜 FLE 地线接至屏蔽地线汇流排

（2）原因分析：

① 技术交底不清楚、不细致。

② 作业人员业务技能生疏，对信号机械室内的安全地、电源防雷地、屏蔽地、设备防雷地未能熟知。

③ 现场管理人员检查验收不细致。

（3）防治措施：

① 对各级人员进行技术交底，使其清楚标准，对作业人员进行交底培训。

② 对作业人员进行业务技能培训。

③ 严格按照技术标准要求，做好模拟网络分线柜 FLE 接地线就近与等电位接地汇集线连接，不准接在电缆分线盘电缆芯线防雷接地排上。

④ 加强内部管理、责任到人，做好检查验收工作。

3. 信号机械室外部安全地、逻辑地混接（图 6.23）

（1）现象：信号逻辑地线与安全地分开设置，检查发现外部安全地、逻辑地混接。

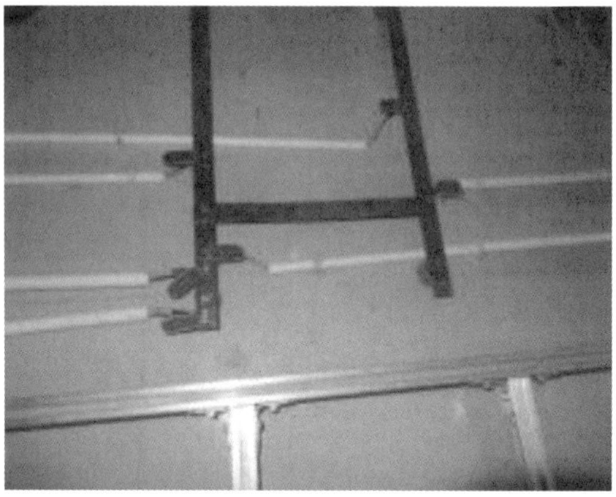

图 6.23　信号机械室外部安全地、逻辑地混接

（2）原因分析：

① 技术交底不清楚。

② 作业人员业务水平不高，对信号机械室内的安全地、逻辑地、电源防雷地、屏蔽地、设备防雷地未能熟知。

③ 现场管理人员检查不细致。

（3）防治措施：

① 技术交底清楚，并对作业人员进行交底培训。

② 对作业人员进行业务技能培训。

③ 根据《铁路车站信号设备防雷、电磁兼容及接地》通号〔2008〕9201-07 的要求，将信号逻辑地与安全地分开设置，并对现场检查发现的外部安全地、逻辑地混接进行纠正。

④ 加强内部管理、责任到人，做好检查验收工作。

4. 电缆一次防雷接地未接入专用地线排（图 6.24）

（1）现象：信号电缆引入间电缆一次侧接地线接在站房等电位 86 箱内。

图 6.24 电缆一次防雷接地未接入专用地线排

（2）原因分析：

① 技术交底清楚，不够细致。

② 作业人员业务水平不高，乱拉乱接。

③ 作业前，项目部未将机房的安全地、逻辑地、电源防雷地、屏蔽地、设备防雷地等各种接地详细地对作业人员进行技术交底。

④ 现场管理人员检查不细致。

（3）防治措施：

① 技术交底清楚，并对作业人员进行交底培训。

② 对作业人员进行业务技能培训。作业前，项目部将机房的安全地、逻辑地、电源防雷地、屏蔽地、设备防雷地等各种接地详细地对作业人员进行技术交底，让作业人员熟知接地施工要求。

③ 按《铁路车站信号设备防雷、电磁兼容及接地》通号〔2008〕9201-07 要求的接地规范，设置电缆一次防雷接地专用地线排把电缆引入，使电缆一次防雷接地接入预留的专用地线排。

④ 加强内部管理、责任到人，做好检查验收工作。

5. 应答器接地引出线未接入 LEU 机柜预留的万可端子接地孔（图 6.25）

（1）现象：LEU 应答器电缆接地引出线与分线盘电缆芯线防雷地线混接。

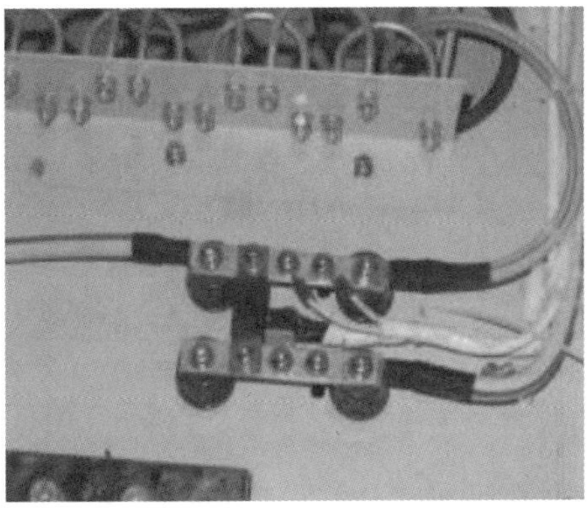

图 6.25 LEU 应答器电缆接地引出线与分线盘电缆芯线防雷地线混接

（2）原因分析：

① 技术交底不清楚。

② 作业人员业务水平不高，对信号机械室内的 LEU 应答器电缆接地引出线接线方式要求不熟，乱拉乱接。

③ 作业前，项目部未将机房的安全地、逻辑地、电源防雷地、屏蔽地、设备防雷地等各种接地详细地对作业人员进行技术交底。

④ 现场管理人员检查不细致。

（3）防治措施：

① 技术交底清楚，并对作业人员进行交底培训。

② 对作业人员进行业务技能培训。作业前，项目部将机房的安全地、逻辑地、电源防雷地、屏蔽地、设备防雷地等各种接地详细地对作业人员进行技术交底，让作业人员熟知接地施工要求。

③ 按《铁路车站信号设备防雷、电磁兼容及接地》通号〔2008〕9201-07 要求的接地规范，将室内应答器电缆接地引出线与分线盘电缆芯线防雷地线分开连接，将室内应答器接地引出线接于 LEU 机柜预留的万可端子接地孔。

④ 加强内部管理、责任到人，做好检查验收工作。

6.5 设计问题

1. 设计细节不明确、深度不足

（1）现象：

① 电力电缆井、通信电缆井位置不合理，致使电缆槽交叉（图 6.26）。

图 6.26 电缆槽交叉

② 高压电缆及多条隧道照明和接触网隔离开关控制电缆，设计仅有一条电力电缆槽、

一个电力电缆井，不能满足不同电压等级电缆、不同回路电缆需要相互间隔的要求（图6.27）。

图 6.27 电力电缆槽、电力电缆井设计数量不足

③ 站场横向连接线如何跨越水沟无详图，致使施工随意、不规范（图 6.28）。

图 6.28 站场横向连接线如何跨越水沟无详图

（2）原因分析：

① 设计单位专业接口把关不严，设计图纸未细化。

② 施工单位图纸审核不细。

（3）防治措施：

① 设计单位严格按照设计程序，加强土建与四电专业的总结协调沟通，细化施工图。

② 建设单位加强施工图审核，组织专项技术交底。

③ 施工、监理单位要审核领会设计意图，现场认真进行施工图核对，发现问题及时报告建设、设计单位。

第 7 章　电力及牵引供电工程

电力及牵引供电主要为安装工程，在质量方面大多表现为“松、断、卡、磨、烧和几何尺寸超标”等问题，这些问题看似较小，却对运输秩序及安全影响较大。本章主要从材料、零部件及设备，变、配电所防雷、接地，电缆敷设，接触网基础、拉线、硬横梁安装工程，接触网支柱装配、导线架设，电连接相关问题，安全距离不足问题，力矩不达标问题，成品保护不力问题等方面，列举了一些施工现场存在的问题，进行了原因分析，并提出防控措施。

7.1　材料、零部件及设备

1. 材料、零部件及设备堆放不规范（图 7.1）

（1）现象：材料摆放混乱，未执行下垫上苫；未采取防倾倒保护措施，不利于钢质材料储存，导致其局部出现镀锌脱落、锈蚀严重；施工现场场坪、台架、房屋等未满足设备进场条件，埋下质量安全隐患。

（a）存放混乱

（b）保护不到位

（c）场地未平整

（d）容易倾覆

图 7.1　材料、零部件及设备堆放不规范

（2）原因分析：

① 材料存放技术交底不清楚或对材料划分和摆放标准掌握不熟。

② 作业人员质量意识不强，存放随意，标准落实不到位。

③ 现场材料摆放场地有限，不能全面划分摆放。

④ 现场管理人员作业指导、检查不到位。

（3）防治措施：

① 对现场作业人员进行技术交底，按照标准进行分类管理和标准摆放。

② 强化作业人员物资质量警示教育培训，严格执行现场材料存放、管理制度。

③ 做好材料场地的规划，物资分批进场（图 7.2）。

④ 强化现场的监督、检查，落实岗位责任。

（a）摆放整齐

（b）分类摆放

（c）易碎物保护

图 7.2　材料进场规划

7.2　变、配电所防雷、接地

1. 接地网存在的主要问题

（1）现象：

① 后期施工中接地线存在散股、断股现象（图 7.3）。

② 接地线焊接层不够、漏焊液，纤细圆钢插入不够，焊接时铜液外溢，焊接不牢固（图 7.4）。

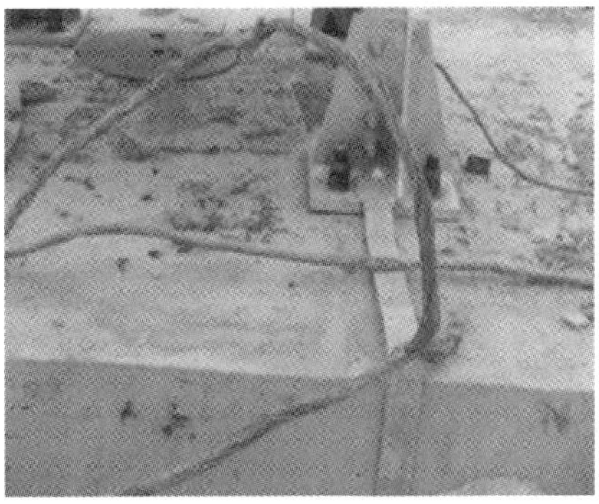

（a）散股

（b）断股

图 7.3　接地线存在散股、断股现象

图 7.4 接地线焊接层不牢固

（2）原因分析：

① 技术交底不清楚或作业人员业务水平不高，技术标准要求不熟悉。

② 作业人员质量意识不强，施工随意，标准落实不到位。

③ 交叉施工管理组织不力，对成品保护不到位。

④ 施工过程中质量监督管理不严，带班人员责任落实不到位。

（3）防治措施：

① 现场交底清楚，对作业人员进行业务技能培训和考核，合格后方可上岗作业。

② 加强质量意识教育，提高作业人员质量意识，严格落实技术标准。

③ 项目管理组织交叉施工班组沟通，现场专人指挥交叉作业。

④ 严格按照《高速铁路电力牵引供电工程细部设计和工艺质量标准》Q/CR 9523—2018 第 3.4 条规定和《铁路电力牵引供电工程施工质量验收标准》TB 10421—2018 第 4.6 条规定进行施工和验收，如图 7.5、图 7.6 所示。

图 7.5 地网十字热熔焊接

图 7.6 垂直接地体焊接

· 电缆沟、竖井、夹层接地母线应单独敷设；

· 接地体为铜材质时应采用放热焊接，热熔焊接头表面应平滑；

· 被连接的导体接头表面应完全熔合，接头应无贯穿性气孔；

· 接地体搭接焊尺寸应符合要求，应有防腐措施；

· 设备接地引下线、室内外预留接地端子应导通良好，接地阻值应符合设计要求；

• 接地网沟回填宜采用电动机具分层回填、夯实。

⑤ 加强日常监督检查、过程管控，做好验收工作。

2. 接地体焊接存在的问题

（1）现象：

① 扁钢搭接焊长度及焊接质量不符合要求（图 7.7）。

② 接地扁钢焊接不实，接地不可靠（图 7.8）。

③ 接地线未作防腐处理就进行油漆喷刷，导致漆刷脱落等现象（图 7.9）。

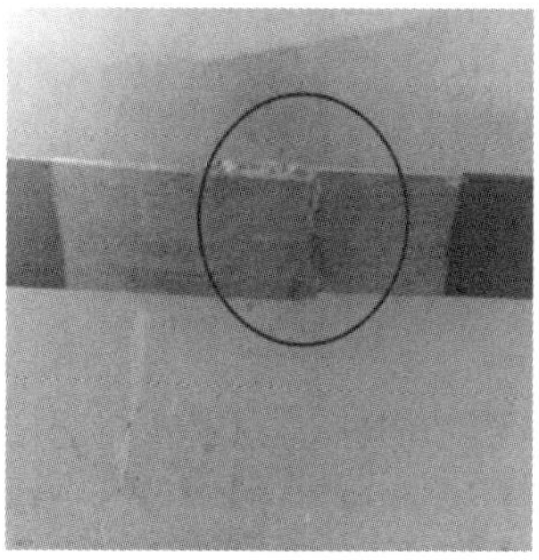

图 7.7　扁钢搭接焊长度及焊接质量不符合要求

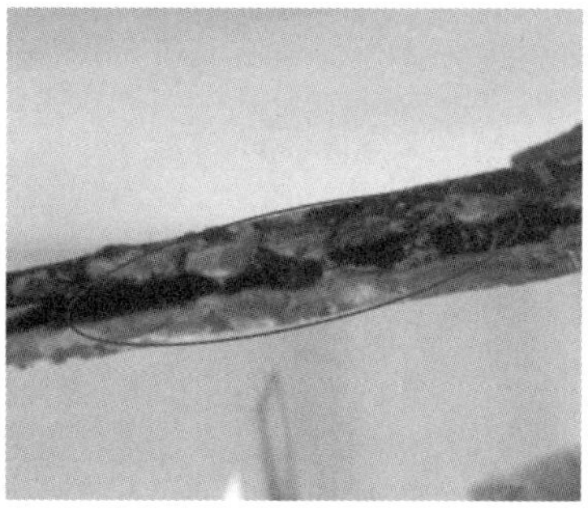

图 7.8　接地扁钢焊接不实

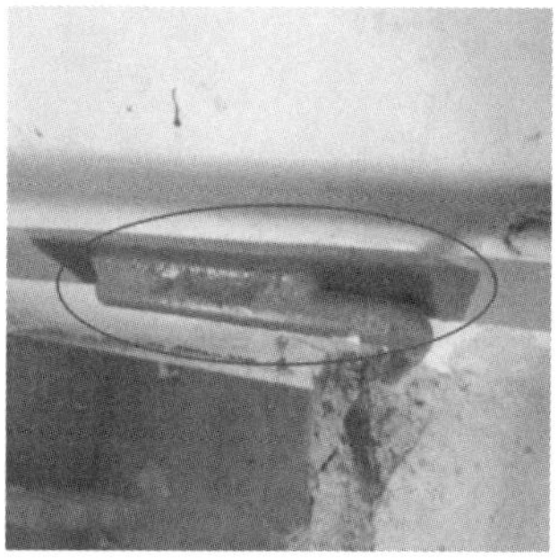

图 7.9　接地线未作防腐处理就进行油漆喷刷

（2）原因分析：

① 现场技术交底不清楚或作业人员业务水平不高，技术标准要求不熟悉。

② 设计图纸不熟悉，下料长度不足。

③ 作业人员质量意识不强，施工随意，标准落实不到位。

④ 施工过程中质量监督管理不严，带班人员责任落实不到位。

（3）防治措施：

① 技术交底清楚，对作业人员进行业务技能培训和考核，合格后方可上岗作业。

② 严格按照设计图纸尺寸下料，配料做好编号，不得混用。

③ 加强质量意识教育，提高作业人员质量意识，严格落实技术标准。

④ 严格按照《铁路电力牵引供电工程施工质量验收标准》TB 10421—2018 第 4.6.15 条的规定进行施工和验收，如图 7.10 所示。

图 7.10　扁钢搭接焊长度及焊接质量符合要求

• 扁钢搭接焊长度应为扁钢宽度的 2 倍，且至少 3 个棱边焊接；

• 圆钢搭接长度为其直径的 6 倍，且两侧焊接；

• 扁钢与钢管或角钢连接时，除在扁钢两侧焊接外，还应将扁钢本体弯成弧形或直角形（或加焊 L 形扁钢）与钢管或角钢焊接成一个整体。

• 所有焊接处应牢固，不得有假焊或虚焊现象。

⑤ 加强日常监督检查、过程管控，做好验收工作。

7.3　电缆敷设

1. 电缆施工中存在的主要问题

（1）现象：

① 电缆沟(槽)未成型就敷设电缆，导致敷设电缆悬空或被挤压，敷设混乱(图 7.11)。

② 因电缆沟（井）排水不畅，电缆长时间在水中浸泡（图 7.12）。

③ 电缆敷设时弯曲半径不够，转角未作打磨处理，不符合规范要求，极易损伤电缆，引起电缆短路烧毁（图 7.13）。

④ 电缆敷设路径随意、混乱、不规范，易损伤电缆（图 7.14）。

图 7.11　电缆沟（槽）未成型敷设电缆

图 7.12　电缆沟（井）排水不畅

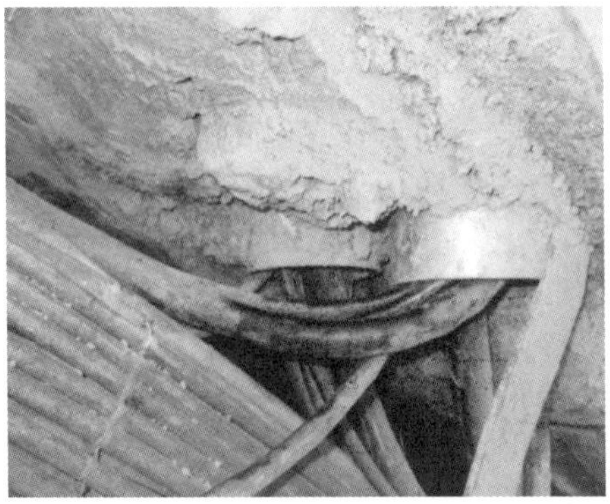

图 7.13　电缆敷设时弯曲半径不够，转角未打磨处理

图 7.14　电缆敷设路径随意、混乱、不规范

（2）原因分析：

① 部分电缆槽施工滞后，现场盲目抢工期，交叉作业，对电缆保护不到位。

② 电缆沟或电缆井排水管设置数量不足或堵塞，导致排水不畅。

③ 现场技术交底不清楚或预埋管道未进行预弯处理。

④ 铺设电缆作业人员质量意识差，随意性大，未按照规范要求进行施工。

⑤ 施工过程中质量监督管理不严，带班人员责任落实不到位。

（3）防治措施：

① 做好过轨管线设施的施工组织，在四电单位进场后，电缆槽分段施工、分段验收，提前准备四电管线铺设作业面，避免交叉作业，如图 7.15 所示。

图 7.15　电缆敷整理、转角平顺

② 严格按照图纸设置电缆槽、电缆井的排水管，在汇水处适当增加排水管。

③ 做好过轨钢管技术交底，改进加工工艺工法。

④ 加强质量意识教育，提高作业人员质量意识，严格落实技术标准。

⑤ 加强接口验收管理，电缆铺设作业落实带班作业制度。

7.4　接触网基础、拉线、硬横梁安装工程

1. 基础存在的主要问题

（1）现象：

① 接触网桥钢柱基础型号和方向浇筑错误，中心轴线偏位（图 7.16）。

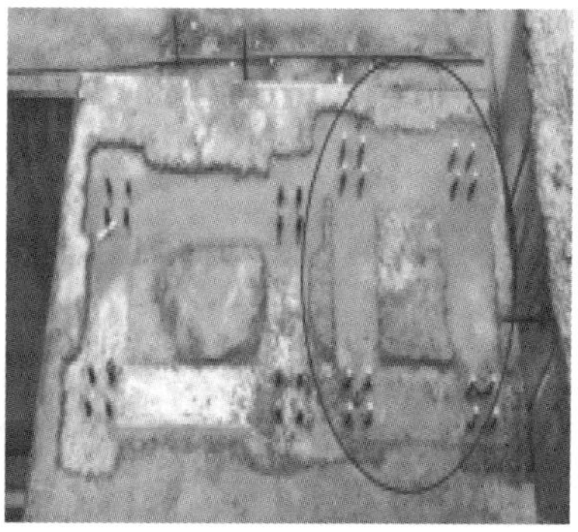

图 7.16　接触网桥钢柱基础型号和方向浇筑错误，中心轴线偏位

② 基础螺栓外露尺寸不足或螺栓间距不符合要求，支柱无法组立（图 7.17）。

③ 立柱基础接地端子漏埋，直接凿开混凝土从钢筋引出（图 7.18）。

图 7.17 基础螺栓外露不足或螺栓间距不符合要求

图 7.18 立柱基础接地端子漏埋

（2）原因分析：

① 土建单位现场技术人员对设计图纸掌握不熟，技术交底不清楚。

② 基础测量放样错误，未进行复核。

③ 立柱未采用模具固定预埋螺栓，混凝土振捣时移位。

④ 对四电接口不够重视，作业人员质量意识淡薄、施工随意。

⑤ 现场管理人员检查、验收不细致。

（3）防治措施：

① 土建单位加强对设计图纸的学习，熟练掌握图纸内容，现场交底清楚。

② 强化测量放样复核制，对结构位置、尺寸必须两人相互复核。

③ 优化工艺、工法，预埋螺栓安装采用模具校正位置后方可进行固定，固定牢固，基础混凝土浇筑振捣棒避免碰触预埋螺栓。拆模后对螺栓位置、间距及垂直度进行核查。

④ 加强作业人员四电接口质量意识教育，严格落实好作业标准。

⑤ 站前单位要高度重视四电专业接口管理问题，提前与四电接口相关单位进行对接，汲取以往教训，强化现场监督检查，做好过程管控。

2. 拉线螺栓外露长度与设计不符

（1）现象：UT 楔形线夹螺栓外露不足（图 7.19），外露已大于螺纹全长 1/2（图 7.20）。

图 7.19 UT 楔形线夹螺栓外露不足

图 7.20 外露已大于螺纹全长 1/2

（2）原因分析：

① 现场测量误差，下料混放、未进行编号。

② 作业人员施工技能不熟练。

③ 制作安装随意，未按照标准执行。

④ 管理人员作业指导、监督管理不到位。

（3）防治措施：

① 强化测量复核，下料按照支柱进行编号。

② 对作业人员进行技能培训，UT楔形线夹螺栓外露长度大于20 mm、小于螺栓全长的1/2。

③ 对作业人员进行技术交底培训，落实技术标准，增强质量意识。

④ 强化现场检查、指导及验收。

3. 拉线安装不规范（图7.21）

（1）现象：下锚拉线松紧度不符合要求，回头未绑扎等。

图7.21 下锚拉线松紧度不符合要求，回头未绑扎

（2）原因分析：

① 现场技术交底不到位或作业人员对下锚拉线松紧度标准及要求掌握不清。

② 施工过程中质量监督管理不严，带班人员责任心不强。

（3）防治措施：

① 对作业人员进行技术交底培训和考核，合格后方可上岗作业，使每位上线人员都能够熟悉技术标准，清楚如何执行标准来保证施工质量。

② 严格按照《铁路电力牵引供电工程施工质量验收标准》TB 10421—2018的要求施工。拉线型号应符合设计要求，不得有断股、松股和接头，两条拉线受力应均衡。

③ 加强日常监督检查，对存在的质量问题立即进行整改。

4. 硬横梁连接存在问题（图7.22）

（1）现象：硬横梁与支柱对接处不密贴、螺栓未紧固到位。

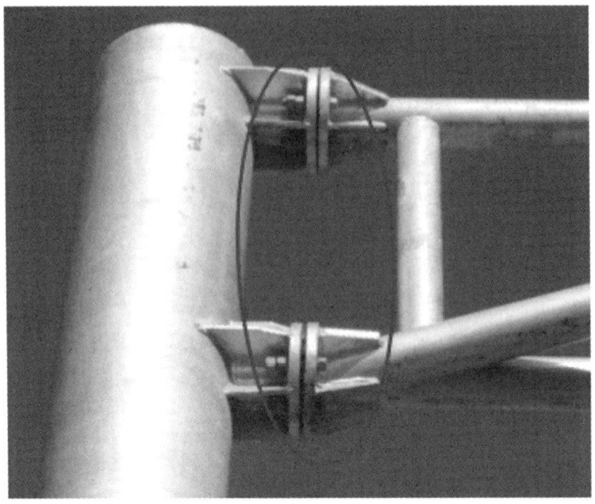

图 7.22 硬横梁与支柱对接处不密贴、螺栓未紧固到位

（2）原因分析：

① 法兰盘平整度不符合要求，验收不到位。

② 硬横梁安装前未进行未编号，现场混用。

③ 硬横梁支柱间距存在误差。

④ 作业人员技术质量意识淡薄，施工随意。

⑤ 施工过程中质量监督管理不严，带班人员责任心不强。

（3）防治措施：

① 严格对进场法兰盘平整度、孔距进行验收。

② 作业前对硬横梁支柱进行配套、标记。

③ 硬横梁支柱安装前进行测量复测。

④ 严格按照《铁路电力牵引供电工程施工质量验收标准》TB 10421—2018 的要求施工，硬横梁与支柱、硬横梁各梁段结合密贴，连接牢固可靠，螺栓紧固力矩符合设计要求，硬横梁呈水平状态，梁的挠度符合设计要求。

⑤ 加强质量宣传，提高作业人员质量意识。

⑥ 加强日常监督检查，对存在的质量问题立即进行整改，确保工程质量达标。

7.5 接触网支柱装配、导线架设

1. 支撑、定位装置存在问题

（1）现象：

① 腕臂安装棒式绝缘子铁锚压板偏斜，不符合技术标准要求（图 7.23）。

② 腕臂套管铰环预配偏移，造成平腕臂和斜腕臂不在同一平面上，不符合技术标准（图 7.24）。

③ 无开口销或掰开角度、用铁线代替开口销等现象，不符合要求（图 7.25）。

图 7.23　腕臂安装棒式绝缘子铁锚压板偏斜

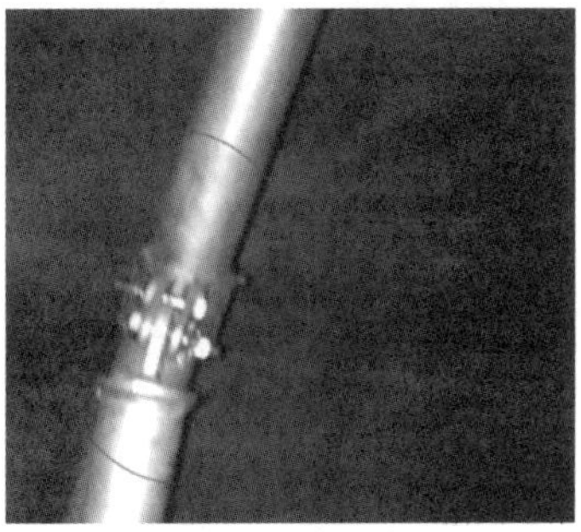

图 7.24 腕臂套管铰环预配偏移

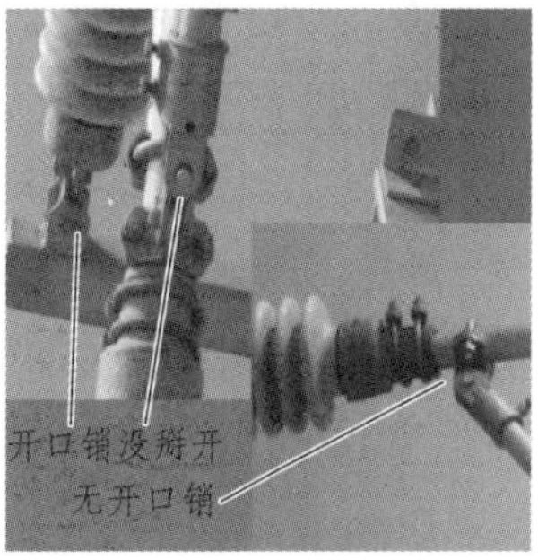

图 7.25　无开口销或掰开角度、用铁线代替开口销

（2）原因分析：

① 技术交底不到位或作业人员对技术标准要求掌握不清。

② 作业人员质量意识不强，安装随意。

③ 施工过程中质量监督管理不严，带班人员责任心不强。

（3）防治措施：

① 对作业人员进行技术交底培训和考核，合格后方可上岗作业。

② 加强质量宣传，提高作业人员质量意识。

③ 严格按照《铁路电力牵引供电工程施工质量验收标准》TB 10421—2018 的要求进行施工，棒式绝缘子铁锚压板与水平腕臂安装垂直。腕臂套管铰环预配垂直，确保平腕臂和斜腕臂在同一垂直面上。开口销按照技术交底进行施工，双边掰开角度一般达 120°。

④ 加强日常监督检查，对存在的质量问题立即进行整改。

2. 长短螺栓不统一（图 7.26）

（1）现象：施工现场用短螺栓代替长螺栓，如大限界框架固定螺栓不统一，转换柱转换槽钢与 H 型钢柱连接螺栓不统一等。

图 7.26　短螺栓代替长螺栓

（2）原因分析：

① 螺栓采购型号错误或使用部位错误。

② 未核实现场螺栓型号，作业人员随意安装，质量意识不强。

③ 施工过程中质量监督管理不严，带班人员责任心不强。

（3）防治措施：

① 严格按照设计标准对螺栓进行验收。

② 螺栓安装前进行配料，对作业人进行技术交底，严格落实作业标准。

③ 严格按照《高速铁路电力牵引供电工程细部设计和工艺质量标准》Q/CR 9523—2018 的要求施工，螺栓外露长度一般控制在 20 mm。

④ 加强日常监督检查，保证螺栓型号使用正确。

3. 双耳楔形线夹受力面安装错误（图 7.27）

（1）现象：接触线、承力索下锚补偿绳双耳楔形线夹与坠砣杆连接处受力面错误。

图 7.27　接触线、承力索下锚补偿绳双耳楔形线夹与坠砣杆连接处受力面错误

（2）原因分析：

① 现场技术交底不清楚或作业人员对接触网下锚补偿装置技术标准要求掌握不清，技能水平不达标。

② 作业人员质量意识不强，安装随意。

③ 施工过程中质量监督管理不严，带班人员责任心不强。

（3）防治措施

① 对作业人员进行技术交底培训和考核，合格后方可上岗作业。

② 加强质量宣传，提高作业人员质量安全意识。

③ 严格按照《高速铁路电力牵引供电工程细部设计和工艺质量标准》Q/CR 9523—2018 的要求施工，补偿绳与坠砣杆受力在一条垂直线上。

④ 加强日常监督检查，对存在的质量问题立即进行整改。

4. 补偿装置存在问题

（1）现象：

① 承力索棘轮制动块距轮体间的距离太大；接触线棘轮制动块与轮体间的距离太小（图 7.28）。

② 承力索与接触网线棘轮补偿装置 M27 竖轴垫片方向安装错误（图 7.29）。

③ 隧道内坠砣码放不规范，坠砣与限制角钢偏磨（图 7.30），补偿绳不在坠坨中心，导致坠坨歪斜、卡滞，补偿失去作用（图 7.31）。

④ 小轮补偿绳扭绞，平衡轮不水平（图 7.32）。

⑤ 承力索锥套式终端锚固线夹承力索外露不符合要求，接触线硅橡胶复合绝缘子弹簧销未安装到位，开口销掰开角度不符合技术标准要求（图 7.33）。

图 7.28　承力索棘轮制动块距轮体间的距离不符合要求

图 7.29　承力索与接触网线棘轮补偿装置 M27 立轴垫片方向安装错误

图 7.30　隧道内坠砣码放不规范，坠砣与限制角钢偏磨

图 7.31　补偿绳不在坠坨中心，导致坠坨歪斜、卡滞，补偿失去作用

图 7.32　小轮补偿绳扭绞，平衡轮不水平

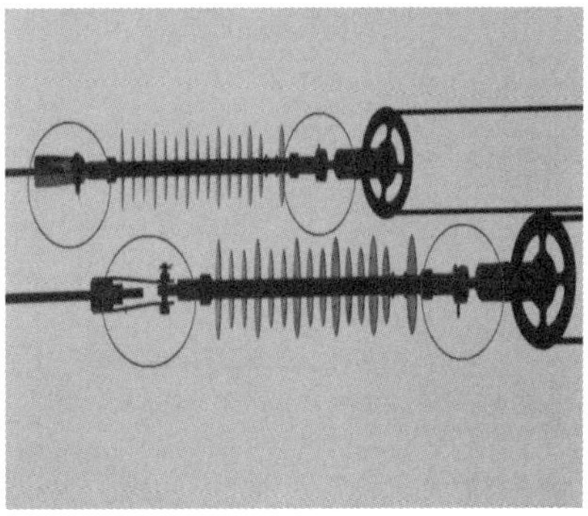

图 7.33　开口销掰开角度等不符合要求

（2）原因分析：

① 技术交底不清楚或作业人员对技术标准要求掌握不清。

② 作业人员质量意识不强，安装随意。

③ 施工过程中质量监督管理不严，带班人员责任心不强。

（3）预治措施：

① 对作业人员进行技术交底培训和考核，合格后方可上岗作业。

② 加强质量宣传，提高作业人员质量安全意识。

③ 严格按照《铁路电力牵引供电工程施工质量验收标准》TB 10421—2018 的要求施工。

· 制动块距轮体间的距离一般控制在 15 ~ 20 mm；

· 棘轮补偿装置 M27 立轴垫片应该安装在上面；

· 坠砣码放整齐，补偿绳、坠砣及限制架竖向平行；

· 平衡轮安装水平，允许偏角 0° ~ 15°；

· 锥套式终端锚固线夹外露长度控制在 20 mm，开口销掰开角度符合技术标准要求。

④ 加强日常监督检查，对存在的质量问题立即进行整改。

5. 附加导线

（1）现象：

① 隧道内回流线肩架预埋螺栓偏斜，导致所安装回流线肩架偏斜（图 7.34）。

② 回流线预绞式悬垂线夹施工工艺不到位，预绞丝缠绕不规范，不符合技术标准要求（图 7.35）。

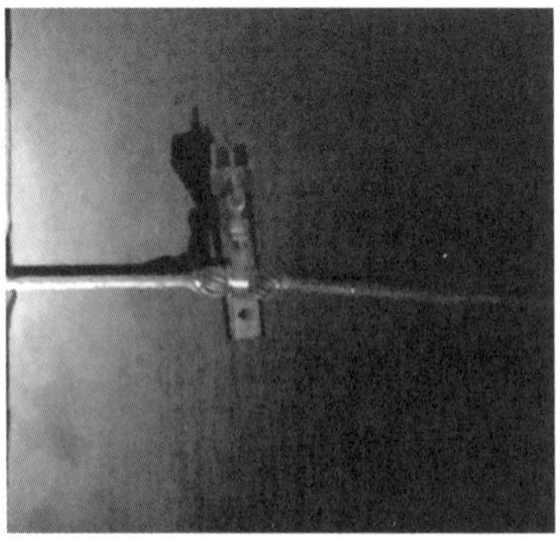

图 7.34　隧道内回流线肩架预埋螺栓偏斜

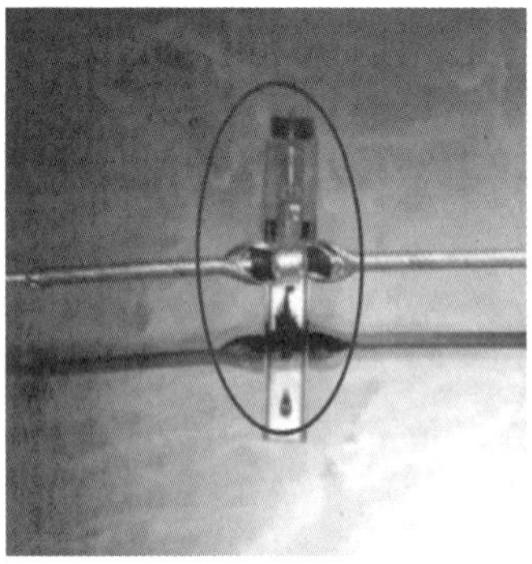

图 7.35　回流线预绞式悬垂线夹施工工艺不到位

（2）原因分析：

① 技术交底不到位或作业人员对技术标准要求掌握不清。

② 作业人员质量意识不强，安装随意。

③ 施工过程中质量监督管理不严，带班人员责任心不强。

（3）防治措施：

① 对作业人员进行技术交底培训和考核，合格后方可上岗作业。

② 加强质量宣传，提高作业人员质量安全意识。

③ 严格按照《高速铁路电力牵引供电工程细部设计和工艺质量标准》Q/CR 9523—2018 的要求施工。

· 作业人员手持钻孔设备应垂直于隧道衬砌混凝土面，钻孔过程不得左右晃动，保证预埋螺栓垂直。

• 回流线预绞式悬垂线夹预绞丝缠绕紧密。

④ 加强日常监督检查，对存在的质量问题立即进行整改。

7.6　电连接相关问题

（1）现象：

① 电连接线散股、承导间预留过长或过短（图 7.36、图 7.37、图 7.38）。

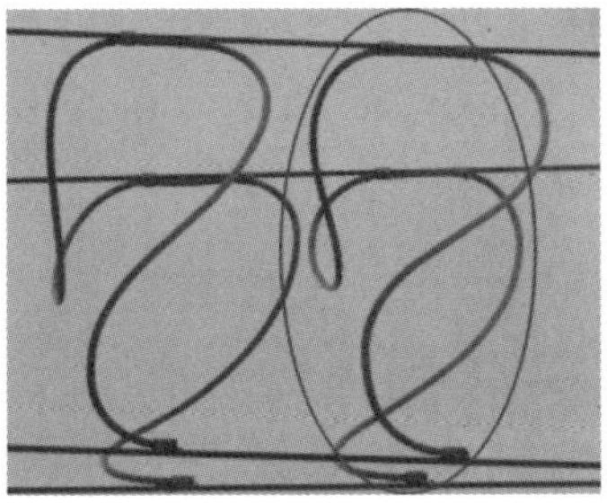

图 7.36　电连接线过长

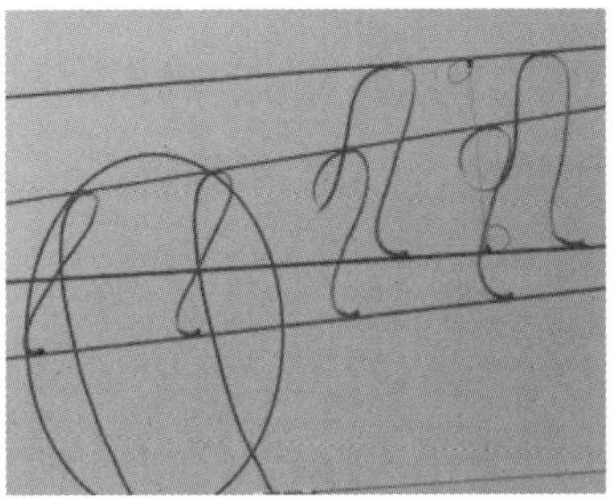

图 7.37　电连接线过短

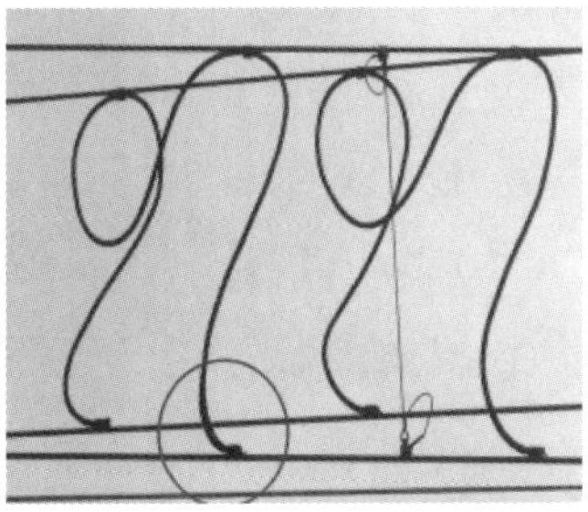

图 7.38　电连接线散股

② 螺纹卡子外露过大或过小甚至无外露，反装（图 7.39、图 7.40）。

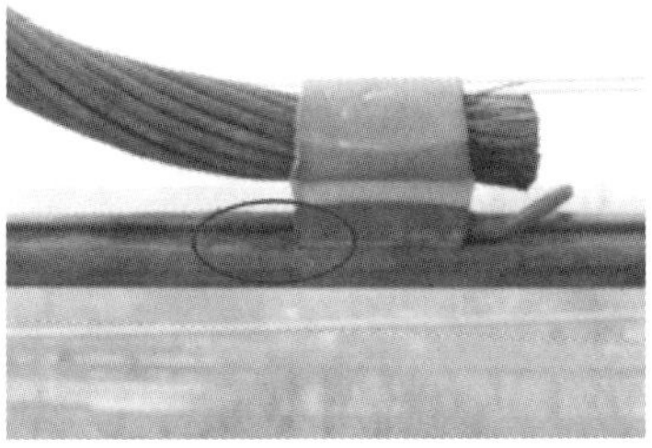

图 7.39　螺纹卡子外露过短

图 7.40　螺纹卡子外露过长

③ 承力索与导线电连接线夹模具压接时使用错误（图 7.41）。

④ 承导线压接线夹与线索型号不匹配。

⑤ 压接偏斜、线夹倾斜度超标。

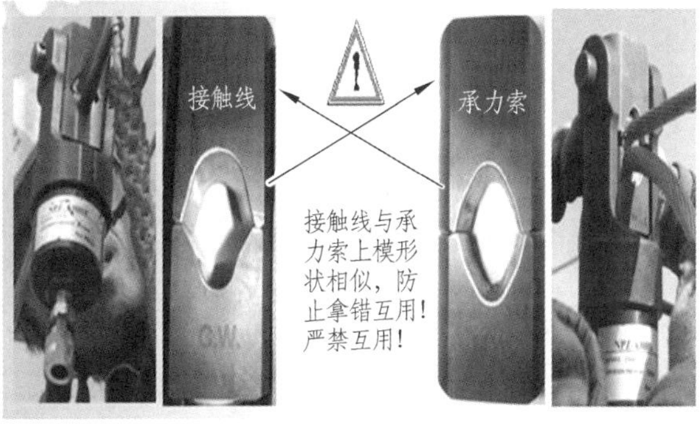

图 7.41　承力索与导线电连接线夹模具压接时使用错误

（2）原因分析：

① 技术交底不到位或作业人员对技术标准要求掌握不清。

② 承导间距、工作支与非支承力索间距测量有误或长度计算考虑不周，导致所裁的电连接线长度过长或过短。

③ 不清楚加装螺纹卡子的真正作用，特别是卡子上螺纹的作用。认为只要安装上了就可以，存在螺纹卡子外露长度无所谓的错误思想。

④ 压接时线夹移动、接触线抖动等，在下模接近线夹时没有停机进行最后确认，导致压接偏斜。

⑤ 作业过程中，未认真确认模具类型进行压接。

⑥ 施工过程中质量监督管理不严，带班人员责任心不强。

（3）防治措施：

① 对作业人员进行技术交底培训和考核，合格后方可上岗作业。

② 提高测量精确度，按照标准预留弛度进行精准计算。

③ 加强质量宣传，提高作业人员质量安全意识。

④ 严格按照《铁路电力牵引供电工程施工质量验收标准》TB 10421—2018 的要求施工。

⑤ 加强日常监督检查，对存在的质量问题立即进行整改，确保工程质量达标。

7.7 安全距离不足问题

1. 腕臂与结构物间距不符

（1）现象：

① 接触网支柱腕臂反定位管距站台风雨棚绝缘距离不符合技术标准要求（图 7.42）。

② 隧道内反定位管距隧道壁绝缘距离不符合技术标准要求（图 7.43）。

图 7.42　接触网支柱腕臂反定位管距站台风雨棚绝缘距离不符合技术标准要求

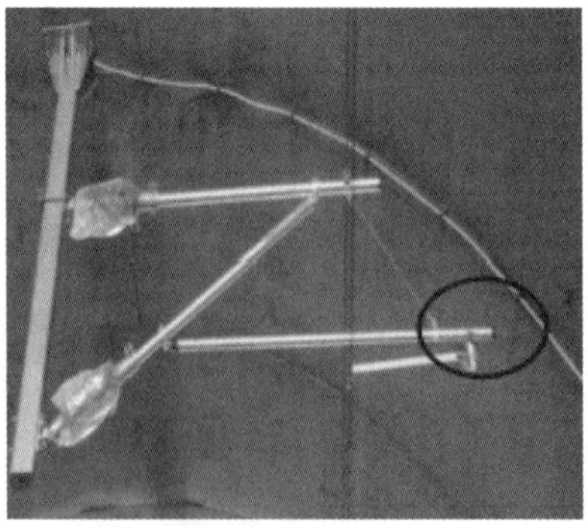

图 7.43　隧道内反定位管距隧道壁绝缘距离不符合技术标准要求

（2）原因分析：

① 技术人员对现场结构物绝缘距离考虑不全面，导致腕臂加工尺寸不符合标准。

② 现场技术交底不到位或作业人员对技术标准要求掌握不清。

③ 作业人员质量意识不强，安装随意。

④ 施工过程中质量监督管理不严，带班人员责任心不强。

（3）防治措施：

① 加强设计图纸与现场固定接地体绝缘距离的复核，确保腕臂与固定接地体边缘大于 300 mm。

② 对作业人员进行技术交底培训和考核，合格后方可上岗作业。

③ 加强质量宣传，提高作业人员质量意识。

④ 加强日常监督检查，对存在的质量问题立即进行整改。

2. 开关引线、正馈线和保护线弛度不符合要求

（1）现象：

① 上下行联络开关引线因弛度过大，在大风情况下引线与开关肩架及 T 线引线安全距离不够导致放电、跳闸现象（图 7.44）。

② 正馈线与保护线弛度不符合安全距离标准，导致间距不够引起放电、跳闸现象（图 7.45）。

图 7.44 上下行联络开关引线因驰度过大

图 7.45 正馈线与保护线驰度不符合安全距离标准

（2）原因分析：

① 技术交底不到位或作业人员对技术标准要求掌握不清。

② 未对开关引线、正馈线和保护线弛度进行精确测量。

③ 作业人员质量意识不强，安装随意。

④ 施工过程中质量监督管理不严，带班人员责任心不强。

（3）预防措施：

① 对作业人员进行技术交底培训和考核，合格后方可上岗作业。

② 严格按照设计标准进行测量、复核，确保开关引线、正馈线和保护线弛度。

③ 加强质量宣传，提高作业人员质量意识。

④ 严格按照《铁路电力牵引供电工程施工质量验收标准》TB 10421—2018 的要求施工，保证开关引线与接地体距离大约为 500 mm。确保正馈线和保护线弛度符合设计要求。

⑤ 加强日常监督检查，对存在的质量问题立即进行整改。

7.8 力矩不达标问题

（1）现象：施工过程中，未使用力矩扳手紧固螺栓，导致力矩不达标（图 7.46）。

图 7.46 未使用力矩扳手紧固螺栓

（2）原因分析：

① 作业人员对技术标准要求掌握不清或作业人员业务水平不达标。

② 作业人员质量意识不强。

③ 施工过程中质量监督管理不严，带班人员责任心不强。

（3）防治措施：

① 对作业人员进行技术交底培训和考核，合格后方可上岗作业。

② 加强质量宣传，提高作业人员质量安全意识。

③ 在接触网预配、安装过程中不允许使用开口和活动扳手，严格按照螺栓紧固力矩标准用力矩扳手进行紧固，复核每个零部件连接螺栓的紧固力矩。

④ 作业完成后，力矩扳手必须归零，否则力矩扳手内的弹簧如果经常处于受压状态，不能松弛，就会造成弹簧发生永久形变，不能恢复原状，影响其准确度及使用寿命。

⑤ 加强日常监督检查，对存在力矩不达标问题的处所立即进行整改。

7.9 成品保护不力问题

（1）现象：在交叉施工过程中，站前单位大型机械设备对接触网支柱基础损坏严重；已经打孔预埋好的锚栓被严重损毁；已经安装完成避雷针的铁塔被砖头覆盖；基础被损坏等（图 7.47）。

图 7.47 施工交叉破坏成品

（2）原因分析：

① 现场存在交叉作业，对存在构筑物交底不清，未设专人指挥。

② 现场操作人员质量意识淡薄，施工随意。

③ 土建单位与四电单位沟通不到位，未采用成品保护措施。

（3）防治措施：

① 土建单位与四电单位交叉作业，现场对结构物的位置、作业要求交底清楚，设专人指挥。

② 对操作人员进行质量教育培训，增强质量意识。

③ 土建单位与四电单位双方交叉作业建立联系机制，现场划分作业区域，采取拉警示线、安装标识标牌等措施保护成品，如图 7.48 所示。

图 7.48 保护接触网基础及螺栓

参考文献

[1]《建筑工程质量常见问题防治手册》编委会. 建筑工程质量常见问题防治手册. 北京：中国建材工业出版社，2017.

[2] 陕西建工集团有限公司. 建筑工程质量常见病诊治要点. 北京：中国建筑工业出版社，2017.